La desintoxicación de los juicios

Abandona las creencias que te impiden vivir una vida mejor

Gabrielle Bernstein

© 2018 by Gabrielle Bernstein, Inc. Publicado por acuerdo con Folio Literary
Management, LLC e International Editors's Co.
Título: La desintoxicación de los juicios
Subtítulo: Abandona las creencias que te impiden vivir una vida mejor
Autor: Gabrielle Bernstein

Primera edición en España: Abril de 2018

© para la edición en España, El Grano de Mostaza Ediciones

Impreso en España
Depósito Legal: B-7539-2018
ISBN: 9788494815942

El Grano de Mostaza Ediciones, S.L.
Carrer de Balmes 394, principal primera
08022 Barcelona, Spain
www.elgranodemostaza.com

La desintoxicación de los juicios

Abandona las creencias que te impiden
vivir una vida mejor

Gabrielle Bernstein

CONTENIDOS

Desintoxícate de los juicios

Mis dedos tiemblan al comenzar esta introducción. Tengo una creencia limitante que estoy repitiendo: «¿Quién eres tú para escribir un libro titulado *Desintoxicación del juicio*? ¡Estás juzgando todo el tiempo!».

Tomo una respiración profunda y me repongo. Tengo un contrato para un libro, un plazo que cumplir y un compromiso. Debo escribir este libro.

Me siento en quietud con las manos sobre el teclado. Respiro profundamente y continúo tecleando.

TU VERDAD ES LO QUE CURA

Suspiro aliviada y acepto que, cuanto más honesta y auténtica sea con respecto a mis propias luchas con los juicios, mejor será el libro. Acepto que mi sufrimiento es el tuyo. Por más espirituales, bondadosos o compasivos que seamos, todos sufrimos por el juicio. Lo impregna todo.

Mi compromiso como instructora espiritual es que el libro sea real. Y para que nuestra relación funcione, tengo que decirte la verdad.

Ahí va: lucho contra el juicio cada día. Juzgo a lo ancho y a lo alto. Juzgo a extraños por tener visiones políticas divergentes. Juzgo a los conocidos en las redes sociales por sus comentarios. Juzgo la manera en que las personas disciplinan a sus hijos. Juzgo a la chica que se mueve demasiado despacio en la cola que tengo por delante. Juzgo a mi marido por no responderme exactamente como quiero. Y, por supuesto, me juzgo a mí misma casi por todo.

Durante años he tratado de justificar, racionalizar o descartar lo que parecía ser un comportamiento bastante inocente. Sentimos un rápido impacto de superioridad moral cuando juzgamos a otros. Es una pequeña muleta confiable cuando nos sentimos heridos, inseguros o vulnerables. Nuestro juicio hacia los demás parece hacernos sentir mejores que ellos: más listos, más curtidos, más iluminados, más sanos o más ricos.

No obstante, este sentimiento se disipa inevitablemente. Cuando juzgo, siento que mi energía se debilita y mis pensamientos se oscurecen. Una y otra vez, el juicio me hace sentir profundamente incómoda, aislada y desalineada con la mujer que quiero ser.

Mi definición del juicio en este libro es muy clara y directa: separación del amor. Cuando nos vemos a nosotros mismos separados de cualquier otra persona, nos desviamos hacia un sistema de creencias falso que no corresponde a nuestra verdadera naturaleza, que es amor. En el fondo, todos somos seres amorosos, bondadosos y compasivos. Existen muchas expresiones espirituales para describir esta verdad, como *naturaleza de Buda, espíritu, fuente* y *Dios*. A lo largo del libro me referiré a este estado verdadero como *amor*. La separación del amor es la fuerza que está detrás de todos, desde los abusadores del patio de recreo hasta los racistas sistemáticos, los líderes mundiales xenófobos, e incluso los terroristas. Vivimos en tiempos de división, y la separación se ha convertido en la norma. Cuando nos sentimos atacados por alguien, nuestra respuesta es devolver el ataque. Sentimos que está justificado plantar cara y defendernos. Por supuesto, esto solo crea más separación y complica el problema. Por desgracia, internet puede exacerbar este asunto. Vemos personas de todas las edades que abusan de otras en las redes sociales con consecuencias devastadoras. Hay muchas historias de estudiantes de instituto y universidad que se suicidan por recibir mensajes negativos y sufrir acoso, y todavía son más las personas por lo demás felices que se deprimen si comparan sus vidas con las fotos que otras personas suben a las aplicaciones informáticas para compartir imágenes.

Como he sido estudiante y profesora espiritual durante más de una década, me he comprometido a hacer un inventario honesto de mis temores, juicios y separación. Con buena disposición y honestidad, he sido capaz de sanar mis luchas contra el juicio. A lo largo de este libro te contaré la verdad sobre mi sufrimiento y compartiré las lecciones que me han ayudado. Son lecciones que practico a diario y que me producen un gran alivio. En medio de mis luchas contra el juicio, por supuesto que he experimentado un cambio milagroso. Déjame que sea clara: el milagro no es que me haya librado de todos los pensamientos de juicio. El milagro es que ya no me los creo. De modo que, mientras que el hábito de juzgar sigue siendo un reto para mí, por medio de la práctica espiritual he llegado a aceptar que el juicio no es quien yo soy.

Para emprender el camino de sanar el juicio y restaurar el amor, debemos reconocer que todos tenemos el mismo problema y la misma solución. Nuestro problema es que nos separamos del amor y la solución es volver a él.

Vamos a intentar entender por qué nos separamos del amor originalmente. Desde una perspectiva espiritual, las dificultades de nuestra vida surgen de ese momento de separación, cuando la voz interna del miedo (nuestro ego) nos dirigió lejos del amor, la compasión y la unidad. Nuestra separación del amor puede ser el resultado de una experiencia muy traumática o de un suceso en apariencia insignificante. No obstante, al margen de cuál sea el detonante, ocurre por primera vez en el momento en que nos vemos separados de los demás o sentimos que no somos lo suficientemente buenos en algún sentido.

La separación del amor puede empezar muy pronto en la infancia. Los bebés pueden nacer en un medio hostil que no les preste atención y tener la creencia de que no están protegidos en un mundo inseguro. La separación también puede producirse cuando los niños notan que se los trata de forma diferente debido a su raza, religión o género. En ese instante, su sentido de unicidad les es arrebatado, y aprenden a ver las divisiones del mundo.

En algún momento de la niñez, a la mayoría de nosotros se nos dice que no somos lo bastante listos, fuertes o guapos, o que nos falta alguna otra cualidad positiva. Entonces empezamos a vernos aparte de los demás. Esta separación nos hace sentir solos en el mundo.

La separación también puede venir del deseo de sentirse especial o «mejor que». Por ejemplo, un niño que crece observando las consecuencias de los privilegios, puede llegar a creer la falsa idea de que la gente con dinero es especial.

Todos tenemos historias distintas que nos han separado del amor, pero todos respondemos igual cuando nos sentimos solos en el mundo: con miedo. Separarse del amor es un suceso traumático, y cuando estamos traumatizados, nos sentimos inseguros. Una de las maneras de responder a este sentimiento de miedo consiste en atacar y juzgar a otros. En un intento de fortalecernos, nos apoyamos en el juicio como nuestro gran protector.

La voz del miedo del ego prospera en la creencia de que estamos separados. El texto metafísico *Un curso de milagros* enseña que el ego refuerza la separación convenciéndonos de que somos menos especiales o más especiales que otros. Ser especial implica que alguien es mejor que tú porque tiene más: gana más dinero, es más atractivo, está más realizado, es más famoso o es de la raza o de la religión «adecuadas». También funciona en la otra dirección, cuando te sientes especial ante la percepción de que alguna otra persona carece de algo. Cuando miramos el mundo a través de la lente del especialismo, la oscura nube del juicio nos impide ver nuestra propia luz y nuestra conexión con los demás.

Una de las manifestaciones del especialismo es la *relación especial*, que el ego usa para protegernos de sentir el dolor de la separación. Como resultado de separarnos del amor y de alejarnos de la verdad, sentimos una enorme culpa y una sensación de carencia profundamente incómoda. Tratamos de encontrar alivio en otra persona, elegimos creer que esa persona puede completarnos y proyectamos nuestra culpa sobre ella. Así es como se crea la relación especial.

La relación especial está presente en muchas áreas de la vida. Por ejemplo, tal vez la hayas establecido con tus profesores o mentores porque los admiras, los respetas y te han guiado durante un momento único de tu vida. O tal vez hayas convertido a una pareja en un ídolo y sientas que no podrías sobrevivir sin su amor y atención. A veces las relaciones especiales parecen inocuas, como cuando proyectas el especialismo sobre uno de tus padres. Esto parece contraintuitivo porque, si bien los miembros de tu familia pueden haber apoyado mucho tu crecimiento y haber sido una fuente de inspiración, no son tus salvadores.

Quienquiera que hayas hecho especial te decepcionará inevitablemente de algún modo. Su ego siempre brillará (después de todo, es humano) y tú te sentirás solo y frustrado. Esta experiencia refuerza la devastación de los sentimientos iniciales de separación. En respuesta a esta desolación, juzgarás a la persona especial por no ser quien tú creías (o esperabas) que fuera. Cuando tu ídolo cae, caes con él. Cuando crees que alguien es la fuente de tu felicidad o de tu dolor, en último término proyectas tu culpa sobre él o ella, y comienza el ciclo del juicio.

EL CICLO DEL JUICIO

Nuestra verdadera naturaleza es amor. Pero, en algún momento de la vida, generalmente en la infancia, algún suceso externo nos separa de esa verdadera naturaleza. Esa separación del amor nos crea el sentimiento de ser especiales o inadecuados, lo que conduce a la soledad y, por lo tanto, al miedo. Queremos protegernos de ese miedo, de modo que lo proyectamos hacia fuera en forma de juicio.

Sabemos que somos seres amorosos e interconectados, pero en la separación vivimos un sueño en el que nos cerramos a esa amorosa verdad. Esta separación establece la percepción del ego: un falso yo basado en el juicio. Llegamos a creer profundamente en nuestra falsa autopercepción a fin de sentirnos seguros en el mundo de la separación.

En el fondo, sin darnos cuenta, nos jugamos por separarnos de la verdad, y eso nos hace sentir avergonzados y culpables. Esa culpa inconsciente es tan dolorosa que no tenemos otra elección que proyectarla en un esfuerzo por acabar con el sufrimiento. Al proyectar el juicio sobre otros, negamos y reprimimos los sentimientos de culpa. Esto retroalimenta la culpa subconsciente porque sabemos que este juicio no es lo que de verdad somos. A continuación proyectamos sobre nosotros mismos la culpa que sentimos por juzgar a otros, y el círculo vicioso vuelve a empezar. Este es el ciclo del juicio.

No puedo insistir demasiado en esto: el juicio es la principal razón por la que nos sentimos tan bloqueados, tristes y solos. La cultura popular y los medios de comunicación dan un enorme valor al estatus social, al aspecto, a la separación social y religiosa y a la riqueza material. Se nos hace sentir «menos que», separados, no suficientemente buenos, de modo que usamos el juicio para aislarnos del dolor de sentirnos inadecuados, inseguros o indignos. Resulta más fácil reírse de alguien, descartarlo o juzgarlo por una debilidad percibida que examinar la propia sensación de carencia.

EL JUICIO ES UN HÁBITO ADICTIVO

El juicio es una respuesta de adicción a un trauma profundamente arraigado. El primer trauma es la separación del amor. Desde una perspectiva espiritual, elegir el miedo y la separación en lugar del amor nos disocia de nuestra verdad. En este estado de separación, quedamos fragmentados y perdemos la conexión con el ser interno. Sin darnos cuenta, esta desconexión nos hace dar la espalda a nuestro ser interno y nos obsesionamos con la proyección externa de lo que pensamos que somos. Nos vemos inmersos en sentimientos de culpa y tristeza porque, en el fondo, sabemos que estamos dando la espalda al amor. Pero no podemos entender del todo nuestra culpa, de modo que hacemos lo posible por evitar sentirla. Y así el ciclo del juicio se convierte en un hábito adictivo.

Evitar la culpa y el sufrimiento proyectándolos en otros es una manera de entumecernos. Como cualquier buena droga, el juicio anestesia el dolor y reorienta el enfoque. Incluso es posible que nos dé un subidón. Los chismes son un buen ejemplo. Cuando te juntas con tus amigos para hablar de otra persona y juzgarla, evitas tus propias heridas centrales. Usas el juicio como una droga para insensibilizar tu propio dolor y experimentar un subidón con el de otra persona. El chismorreo es especialmente desagradable porque nos produce la ilusión de vincularnos con otros, cuando solo nos reunimos para depositar todo nuestro dolor sobre otra persona.

Los chismes pueden ser placenteros porque conllevan un alivio temporal del autojuicio y del ataque. Repetimos la historia de juzgarnos en un círculo cerrado a lo largo de todo el día: «No soy lo suficientemente bueno.» «¿Por qué cometí ese error?» «Soy feo.» «No soy bastante listo.» Y así sucesivamente. Todas estas conductas autoinfligidas no son más que una forma de adicción. De modo inconsciente, elegimos juzgar en lugar de sentir el dolor oculto tras las heridas.

Pero date cuenta de que he dicho que nuestra historia de autojuicio se desarrolla en un círculo cerrado. ¡Por eso no nos lleva a ninguna parte! Entrar en el camino de curación exige sentir incomodidad, pero nos da demasiado miedo llegar ahí, de modo que en lugar de eso chismorreamos o nos juzgamos. Nos percibimos como víctimas del mundo que vemos. Juzgarnos víctimas nos parece más seguro que afrontar las heridas. Así es como el autojuicio se vuelve una adicción.

Este hábito adictivo continúa alimentado por la negación. Anhelamos sentirnos mejor, pero negamos que el juicio sea el problema. De hecho, consideramos que el juicio es la solución, una manera de protegernos. Nuestro sistema de creencias inconsciente nos mantiene atascados en el ciclo del juicio porque nos aterroriza afrontar el propio dolor y el sufrimiento. Usamos el juicio para evitar exponer nuestras heridas más hondas.

La repetición del juicio establece un hábito. Si reiteras un comportamiento una y otra vez, fortaleces las rutas neurales asociadas con él. Con el tiempo, esa conducta se convierte en tu segunda naturaleza. Cuanto más repitas el hábito de juzgar, más creerás en él. Los profesores de metafísica Abraham y Hicks dicen: «Una creencia solo es un pensamiento que continúas pensando». Creas tu realidad con los pensamientos que repites y las creencias con las que te alineas. Cuando tu sistema de creencias es el juicio, siempre te sientes inseguro, atacado y a la defensiva. Si vas a cambiar el hábito de juzgar, tienes que cambiar el núcleo de tu sistema de creencias. Nuestro objetivo es encontrar el camino de vuelta a casa, hallar la senda de regreso al amor.

EL CAMINO PARA SANAR EL JUICIO

Desde el momento de la separación, vivimos una pesadilla, y el hábito de juzgar nos mantiene dormidos. Sanar el juicio es deshacer el sueño y retornar a la paz.

Cuando me hago más consciente de mi propia tendencia a juzgar, empiezo a sentir que despierto. Observo amorosamente mi conducta y me doy cuenta de que los momentos de juicio aparentemente inocentes y menores son tan destructivos como la negatividad y el ataque dirigidos hacia fuera. Ya no podía ignorar la culpa que sentía por estar atascada en el ciclo del juicio. En lugar de atravesarla, ignorarla o elegir lidiar con ella más adelante, decidí afrontarla directamente .

Por lo tanto, me dispuse a curarme del ciclo del juicio. Sabía que, si me tomaba en serio la tarea de romper el ciclo, tendría que aceptar la solución, aunque supusiera cambiar el sistema de creencias con el que había vivido durante décadas. De modo que me sometí a un proceso de crecimiento personal y desarrollo espiritual, explorando las prácticas transformadoras para sanar definitivamente mi percepción del juicio.

Este es el proceso de deshacer el sistema de creencias del juicio que causa tanto sufrimiento pero permite volver a la paz. A lo largo de mi camino de curación personal, he creado los seis pasos que aprenderás en este libro. Los he practicado y continúo haciéndolo cada día.

Mi intrépido compromiso con esta desintoxicación del juicio me ha enseñado esto:

En primer lugar, he aprendido que no tenemos que renunciar al juicio completamente. En muchos casos lo necesitamos. Debemos discernir entre lo que sentimos que es seguro y lo que no. Debemos honrar lo que nos parece moralmente correcto. Asimismo, esta práctica no afecta necesariamente a ciertos tipos de juicios, como los relacionados con qué comer, con quién salir o qué modelo de coche conducir. De hecho, resulta más útil pensar en estas decisiones como preferencias o elecciones personales. Podemos usar la lógica y la intuición para discernir lo que sentimos que es correcto para nosotros sin juzgar. Lo que tiene que desaparecer es el hábito de condenar y criticar. Una forma de saber que estás juzgando (y no discerniendo) es detectar que no te sientes bien; más bien te pones a la defensiva, tienes miedo o te sientes atacado. Esto es una señal de que te has separado del amor y has elegido el miedo. Cuando tomas una decisión que te hace sentir bien y fluye desde tu auténtica verdad, sabes que no está respaldada por el juicio del ego.

En segundo lugar, he aprendido que, cuando juzgamos a otros, en realidad juzgamos una parte de nuestra sombra de la que no nos apropiamos. Cualquier cosa que nos disguste de otra persona es un reflejo de algo que nos molesta en nosotros mismos o la representación de una profunda herida que no queremos curar. Con frecuencia otras personas reabren nuestras heridas. Cuando esto ocurre, las juzgamos en lugar de aceptar que en realidad la incomodidad tiene que ver con nosotros.

En tercer lugar, he aprendido que el juicio puede darte un subidón inicial, pero su resultado es una resaca muy desagradable. El juicio reduce la energía y debilita física y mentalmente. Nos hace sentir solos y separados de la inspiración y del amor.

Por último, descubrí que, por más complicado que sea el juicio, soltar su agarre sobre nosotros es muy simple: mira todos tus temores y tráelos a la luz. Al poner tus juicios a la luz con las prácticas de este libro, empezarás a tener una nueva relación con él. Como cualquier gran desintoxicación, te deshaces de las toxinas para sentirte más saludable. En ese estado nuevo y más claro, tomas conciencia del daño que te produce este hábito y aprendes a manejarlo intuitivamente.

Mi compromiso de sanar mi propia relación con el juicio ha cambiado profundamente mi vida. La conciencia de este juicio me ha ayudado a ser una persona más consciente. Mi disposición a revisar estas percepciones me ha liberado. He sido capaz de soltar los resentimientos y los celos; puedo afrontar el dolor con curiosidad y amor, y perdono a los demás y a mí misma con mucha más facilidad. Y lo mejor de todo: mi relación saludable con el juicio me permite observarlo cuando surge y usar estos pasos para volver rápidamente al amor.

La desintoxicación del juicio es un proceso interactivo en seis pasos basado en los principios espirituales del texto de *Un curso de milagros*, el kundalini yoga, las técnicas de liberación emocional (también conocidas como *tapping*), la meditación, la oración y otras enseñanzas metafísicas. He desmitificado estos principios para facilitar tu compromiso con ellos y su aplicación en la vida cotidiana. Cada lección se añade a la anterior para favorecer la verdadera sanación. Cuando sigas el proceso y estés dispuesto a soltar, el juicio, el dolor y el sufrimiento empezarán a disolverse.

Antes de sumergirnos en el resto del libro y empezar la desintoxicación, quiero darte una breve visión general de cada paso a fin de que conozcas lo que va a venir. Así es como todo esto funciona.

Primer paso: Observa tu juicio sin juicio

Cuando empecé a observar cómo me hacía sentir mi propia tendencia a juzgar, vi de inmediato por qué no fluía mi vida. El juicio me hacía sentir débil, triste y desconectada. Incluso me causaba dolor físico. Una vez que fui capaz de tomar distancia de él y de ser testigo de cómo me hacía sentir, entendí hasta qué punto me impedía ser feliz.

En la mayor parte de los casos, ni siquiera nos damos cuenta de cuánto juzgamos. Esto se debe, en parte, a que nos autojuzgamos por nuestros juicios. Parece una locura, pero lo hacemos constantemente. Nos sentimos tentados a criticarnos por nuestros juicios o a avergonzarnos de pensamientos o comportamientos. En cambio, cuando hacemos un inventario honesto de dichos pensamientos y comportamientos, debemos honrarnos por estar dispuestos a examinar con amor cualquier elección que hayamos hecho con respecto a los juicios. El camino para salir del juicio comienza cuando observas el juicio *sin más juicio*. Cuando miramos nuestros juicios con amor, iniciamos el proceso de sanación.

En el primer paso entrarás en contacto íntimo con tus juicios, identificarás los detonantes que los activan y serás honesto con respecto a cómo te hacen sentir. Serás guiado a examinar las historias de tu pasado que iniciaron estos comportamientos de juicio y entenderás que todo juicio es una parte de tu propia sombra de la que no te has adueñado. Auditar tu conducta con autenticidad es un primer paso necesario. Sin él, no puedes pasar a la siguiente fase de la sanación. El camino espiritual hacia el deshacimiento del juicio comienza con un inventario honesto.

Segundo paso: Honra la herida

El siguiente paso del proceso de sanar tu relación con el juicio consiste en honrar las sombras y traerlas a la luz. En este paso enseño una poderosa técnica denominada técnica de liberación emocional (EFT, por sus siglas en inglés), también conocida como *tapping*. Se trata de una técnica psicológica de acupresión que favorece la salud emocional. He descubierto que la EFT es una de las mejores maneras de abordar la causa raíz de los problemas emocionales que viven bajo la superficie del juicio.

La práctica de la EFT consiste en darte golpecitos en meridianos de energía específicos del cuerpo. Cuando estimulas los meridianos, ellos indican a la amígdala (la parte del cerebro que activa el reflejo de lucha, huida o paralización) que se calme. Al recibir el mensaje de que es seguro relajarse, la amígdala produce un gran cambio en el estado emocional. He creado guiones específicos para abordar muchos de los asuntos que normalmente nos hacen reaccionar. A medida que te des golpecitos sobre meridianos específicos, serás guiado a abordar ciertas emociones que acompañan a los estados de estrés. Esta práctica te ayudará a sanar las heridas, los traumas y los asuntos que te hacen reaccionar, que viven bajo tus juicios. El proceso en sí mismo puede tener un enorme impacto en tu vida. Te enseñaré EFT en el segundo paso de la desintoxicación del juicio para que sientas un alivio significativo desde el principio.

Tercer paso: Pon el amor en el altar

Una vez que hemos observado los pensamientos de juicio y hemos honrado las heridas por medio de la EFT, rezamos. Ofrecemos o entregamos el juicio a través de una oración. Una parte esencial de este trabajo consiste en establecer una relación con un poder mayor que tú mismo (comoquiera que desees definirlo). Mediante la práctica espiritual de la rendición, comienzas a disolver el juicio con amor.

Algunos juicios son más difíciles de abandonar que otros. Algunos parecen especialmente complicados, o incluso imposibles. Aquí es donde entra en juego el poder de la oración. No tienes que confiar enteramente en ti mismo; puedes invocar a un poder mayor que tú para que te ofrezca guía y apoyo. Renunciar al juicio a través de la oración te quita un peso de los hombros al tiempo que le indica significativamente al universo que estás dispuesto a ver a una persona o una situación de manera diferente, aunque no estés seguro de cómo hacerlo.

La oración te ofrece un cambio de percepción que, a su vez, te ayudará a ver tus juicios a través de una lente de amor y compasión. Si te cuesta encontrar cosas que te gusten con respecto a una persona o situación, puedes invocar la compasión. Cuando cultivas un sentimiento de compasión, el juicio no puede coexistir con él. La compasión es el antídoto del juicio. En lugar de percibir la conducta de alguien o una situación como una amenaza, puedes verla como una petición de amor.

Finalmente, en el tercer paso te tomas algún tiempo para ser compasivo contigo mismo. El juicio no estaría presente si no estuvieras pidiendo amor de algún modo.

Cuarto paso: Ve por primera vez

Una vez que has orado y cultivado la compasión, estás listo para cambiar tu manera de ver a las personas que has juzgado. A menudo juzgamos a otros (y a nosotros mismos) proyectando viejas experiencias sobre nuestras circunstancias actuales. Pero, cuando practicas para ver a alguien por primera vez, le liberas de las falsas proyecciones que has arrojado sobre él y de las falsas creencias que os separan. En lugar de contemplar al otro a través de la lente del pasado, lo verás como alguien que está pidiendo amor.

Empezamos a sanar los juicios sobre otras personas cuando aceptamos que los demás son nuestros maestros en el aula que es la vida. Este compromiso nos permite mirar la situación de otra forma. Serás testigo de cómo arrastras el pasado hasta el presente, y entonces podrás elegir de nuevo. Aprenderás que puedes escoger mirar a una persona (o una situación) como si lo hicieran por primera vez. Imagina lo libre que te sentirías si no trajeras el pasado al presente en cada encuentro. Recuerda que todos estamos atrapados en el mismo ciclo de miedo y buscamos desesperadamente una vía de salida, que es el amor.

Quinto paso: Corta las cuerdas

Aprender a ver a los otros por primera vez te prepara para la poderosa práctica de la meditación. Algunos de los grandes episodios de curación que he vivido han tenido lugar sobre el cojín de meditación, porque en la quietud toda separación se funde y la unicidad se recupera. El quinto paso contiene meditaciones con visualización, meditaciones kundalini y otras basadas en mantras que te ayudan a sanar tu relación con el juicio. Hay seis meditaciones. Practica una cada día durante seis días en el mismo orden en que se presentan. Cada meditación se añade a la siguiente, y te ayuda a renunciar a los pensamientos de ataque y a reconectar con tu sistema de guía interno. Después de cada meditación se te pedirá que escribas libremente en tu diario. Este proceso de escritura libre pone en primer plano tu sabiduría interna y revela lo que debes saber para ahondar en la sanación y el crecimiento. ¡Lo que salga te asombrará!

Te sugiero que, después de practicar las seis meditaciones, elijas tu favorita y la conviertas en una práctica diaria. Estas meditaciones te harán experimentar un gran alivio y te ayudarán a persistir con la desintoxicación del juicio.

Sexto paso: Lleva tus sombras a la luz

El último paso de la desintoxicación del juicio consiste en liberarte de los juicios realizados. Lo consigues cuando entiendes que en realidad solo juzgas porque buscas amor: esa es la verdadera intención que está detrás del ataque. En el fondo, lo único que quieres es protegerte de no sentirte amado. Esta también es la intención de la persona que crees que *te* ha atacado. Simplemente, todos buscamos amor.

El ataque, el miedo, el juicio y cualquier otra forma de separación solo son peticiones de ayuda. Cuando sientes dolor físico, sabes que tu dolor pide alivio. Lo mismo es válido para el juicio. Es un tipo de dolor emocional que quieres aliviar. No quieres seguir enfermo, triste o atemorizado. En cualquier momento en el que te veas a ti mismo juzgando, puedes liberarte si perdonas ese pensamiento. Perdónate a ti mismo por tener el pensamiento, e incluso perdona al pensamiento mismo.

Quieres ser libre. Cuando observes tu juicio sin juicio, acepta que has elegido el miedo y permanece abierto a recibir la ayuda que estás pidiendo. Es posible liberarse de este hábito.

La desintoxicación del juicio disuelve todos los límites con amor. Nos devuelve a esta verdad: todos estamos en esto juntos.

Todos sufrimos. Todos nos sentimos indignos y abandonados. Pero identificar la igualdad entre nosotros nos permite cambiar de enfoque, dejar atrás la separación y volver al amor. Compartimos el sistema de pensamiento del miedo y también compartimos la mente amorosa. Compartimos la misma capacidad de preferir el amor al miedo. Como decía mi querido profesor Kenneth Wapnick, «todos tenemos el mismo interés en despertar del sueño de inclemencia y retornar a la bondad que nos creó bondadosos».

UN MUNDO MÁS ALLÁ DEL JUICIO

Si estás listo para emprender el viaje de deshacer la falsa percepción de separación y especialismo, ¡prepárate para lo que viene! Este libro ofrece una vía para deshacer los hábitos de juzgar y retornar a la unidad, la paz y la armonía interna.

No obstante, hay algunas cosas que hemos de considerar antes de embarcarnos en esta desintoxicación. Primero, te recomiendo que actúes de manera consistente. Como en cualquier cura de desintoxicación, cuanto más comprometido estés, mejores serán los resultados. También te recomiendo que vayas documentando tu progreso a lo largo del recorrido. No tengas miedo de celebrar tus momentos de éxito. Esta es una parte importante del proceso porque, cuanto más saludable estés, más se resistirá el ego a tu crecimiento. Por lo tanto, crear conscientemente un espacio para celebrar tus cambios te ayudará a no juzgar tu práctica.

También es importante prestar atención a las maneras en las que el ego vuelve a colarse. Cuando hacemos brillar la luz sobre la oscuridad, el ego trabaja horas extras. Quiero avisarte desde ahora de las resistencias del ego para que estés preparado cuando aparezcan. El ego negará tu recuperación y juzgará los resultados. A lo largo de este libro te pediré que examines detenidamente cómo has contribuido a tu propio dolor y sufrimiento. Te plantearé el reto de contemplar tus sombras y ser testigo de tus hábitos negativos. Al hacerlo, se activa tu tendencia a juzgarte a ti mismo. En ese espacio de autojuicio el miedo te puede paralizar, y es posible que quieras abandonar. Sé consciente de esto ahora para poder identificar la resistencia del ego cuando surja. Cada persona que lea este libro caerá en la trampa de juzgarse a lo largo del camino. ¡A mí me ha ocurrido durante todo el proceso! Cuanto más profundizaba en cada paso, más vociferaba mi crítico interno. Pero, en lugar de sucumbir a la voz del miedo, me he rendido al amor que vive en cada uno de estos pasos. La mejor manera de combatir la voz del autojuicio es sumergirse más profundamente en las prácticas de su desintoxicación. Cada paso te ofrecerá nuevos niveles de alivio y libertad. Confía en el proceso y persiste.

LA PROMESA DE CURARSE DEL JUICIO

Esta práctica de seis pasos ofrece muchas promesas. Los resentimientos insustanciales desaparecerán; la compasión reemplazará al ataque; la energía de la resistencia se transformará en libertad, y sentirás más paz y felicidad de las que has tenido nunca. Puedo asegurar estos resultados porque los he vivido. Nunca he sentido más libertad y alegría que al escribir y practicar estos pasos.

Y los milagros no paran de llegar. En cuanto empiezas a sentirte mejor, comienzas a soltar la resistencia al amor. Cuanto más practiques estos pasos, más amor entrará en tu conciencia y en tu vibración energética. Al estar en armonía con el amor, recibes más de lo que quieres. Tu energía atrae lo que es semejante a ella. De modo que, cuando cambias la energía del juicio defensivo por el amor fluido, tu vida se torna asombrosa. Atraes exactamente lo que necesitas, tus relaciones sanan, tu salud mejora y te sientes más cuidado y seguro.

He escrito este libro para que todos nos sintamos mejor. Como activista espiritual, creo que mi mayor contribución al mundo consiste en ayudar a reconectar con el poder del amor. Cuando hacemos este cambio, empezamos a vibrar en una nueva frecuencia. Tu familia, tus vecinos y tus amigos disfrutarán los beneficios de tu cambio de frecuencia. El cambio energético de una persona tiene el poder de crear un efecto onda en la totalidad del globo. Y a medida que cada vez más gente vibra en el amor, las vibraciones de odio y juicio se debilitan. Los tiempos que vivimos requieren nuestro compromiso con el amor. Estamos divididos, atemorizados, enfadados y traumatizados. La única manera de sobrevivir en estos tiempos es cambiar de frecuencia. Esta práctica no consiste únicamente en sentirte más feliz y atraer más de lo que deseas: se trata de sanar al mundo.

Todos sentimos la llamada de nuestro activista interno. El modo más poderoso de responder a ella es cambiar la vida interna. Cuando cambiamos por dentro, sabemos intuitivamente cómo actuar en el mundo externo, con una actitud de compasión y perdón. Nos hacemos más conscientes en nuestros intercambios en las redes sociales y en las conversaciones presenciales. Nos convertimos en un mejor ejemplo para nuestros hijos. Y cada pensamiento amoroso que tenemos se convierte en una protesta pacífica que sana energéticamente la epidemia de odio que arrasa al mundo. Tener pensamientos amorosos a cada momento es lo que crea el milagro. Sigue estos pasos para deshacer los bloqueos, extender el amor y vivir una vida milagrosa.

RECURSOS IMPORTANTES EN LOS QUE APOYARNOS

Hay varios recursos adicionales que he creado y reunido para darte apoyo en tu camino. A lo largo de este libro haré referencia a ellos (puedes encontrarlos en GabbyBernstein. com/JudgmentDetox). Cada paso requiere una serie de ejercicios que puedes anotar en tu cuaderno favorito o tu diario de la desintoxicación del juicio. Este diario está diseñado específicamente para que celebres los milagros y documentes tu proceso a cada paso del camino. En la página de recursos (GabbyBernstein.com/bookresources) también encontrarás meditaciones guiadas de audio, mensajes de vídeo míos y otros materiales que te ayudarán en tu viaje.

Empecemos. Pasa la página y emprende el primer paso de la desintoxicación del juicio.

Observa tu juicio sin juicio

Es la mañana del 9 de noviembre de 2016. Los resultados de las elecciones ya son públicos y la nación está dividida. El país está polarizado y abrumado por la dura campaña electoral en la que ha reinado la división. Los dos partidos políticos se sienten agotados por el drama, la retórica negativa y el juicio. La mitad del país celebra el resultado mientras la otra mitad protesta en las calles.

Es temprano por la mañana y pongo las noticias. Todas las cadenas están llenas de comentaristas políticos que exponen sus visiones en conflicto. Acudo a Facebook y solo encuentro debates acalorados y desagradables en los canales a los que estoy suscrita. Me entristece la energía de separación y ataque presente en ambos bandos. Momentos después recibo este mensaje de mi publicista: «Gaby, tengo una tonelada de publicaciones en línea que quieren que salgas hoy y compartas tu respuesta espiritual a las elecciones y a la división entre los dos partidos». Sin dudar envío mi respuesta: «¡Sí, lo haré!».

Tras aceptar la petición de los medios, me doy cuenta de que todavía no he llegado a mi propia solución espiritual para gestionar el conflicto de nuestro país. Examino detenidamente cómo me encuentro: profundamente alterada por la negatividad que observo por todas partes. ¿Cómo voy a ofrecer guía espiritual en medio de una separación tan inmensa? A pesar de la aprensión, siento que no tengo otra opción que manifestarme. Tengo que invocar a mi yo superior para que brille sobre la oscuridad.

En el plazo de una hora estoy en Livestream, compartiendo mi guía espiritual sobre cómo responder a las elecciones. La entrevistadora me dice: «Gabby, la nación está dividida y necesitamos tu ayuda. ¿Cuál es la manera espiritual de gestionar esto?».

Antes de responder, rezo en silencio: «Espíritu, por favor, habla a través de mí». A continuación empiezo a decir mi verdad. Comparto lo abrumada que me siento por todo ello. Y entonces estas palabras surgen de mí sin esfuerzo: «¡Tenemos que mirar de cerca nuestra propia sombra y arrojar luz sobre ella! Examinemos todos nuestros juicios. Tomemos conciencia de cómo hemos juzgado al presidente electo, a su equipo, a su familia y a los que le apoyan. Veamos de qué maneras hemos juzgado a Hillary Clinton, a su familia y su campaña. Seamos honestos con respecto a cómo hemos juzgado a nuestros amigos, vecinos y familiares por sus visiones políticas en conflicto con las nuestras. El primer paso para sanar los sentimientos de separación es observar nuestros juicios sin juicio. Lo que todos tenemos en común son los juicios. Todo es lo mismo, al margen del lado en que nos encontremos».

La entrevistadora parece sorprendida ante mi respuesta. Ella, como tantos otros, siente que sus juicios están justificados.

«¿Qué hago con mis juicios?», pregunta.

«Simplemente obsérvalos y confía en que este es el primer paso hacia la sanación», le digo.

Explico que, para sanar de verdad los propios sentimientos de juicio, tenemos que empezar por sanar la mente. Debemos reconocer que atacar a alguien que nos ha atacado solo genera más ataque. Si queremos liberarnos de este ciclo nefasto, debemos poner luz en la oscuridad. El modo de hacerlo es observar nuestros pensamientos de juicio.

Cuando sugiero que simplemente seamos testigos de nuestros juicios y que confiemos en el poder sanador de esta acción, puedo sentir el alivio en la voz y en la expresión de mi entrevistadora. Cuando bajamos la guardia y observamos el juicio con amor, aunque sea por un momento, experimentamos paz.

Ser el testigo sin juicio de tus juicios es el primer paso de esta desintoxicación. Esta es la clave del trabajo. Tenemos que ver con claridad cómo nos separamos del amor y ser honestos con respecto a los rincones oscuros de nuestra mente. La parte crucial de esta práctica es ser testigo de nuestro juicio *sin juzgarnos*.

El proceso de observar nuestra oscuridad es un acto de amor valiente y sagrado. Estar dispuestos a aceptar las partes de nuestra conciencia no alineadas espiritualmente nos hace más fuertes.

Cuando hacemos un inventario honesto de cómo juzgamos, podemos tomar conciencia de la causa raíz de todo el sufrimiento: la separación del amor. En esencia somos personas amorosas, buenas, completas, saludables y compasivas. Pero, a lo largo de la vida, nos hemos separado de ese amor y esa plenitud. Nos hemos convertido en seres fragmentados con partes oscuras que nos dan miedo. La furia, el enfado, el trauma y los recuerdos dolorosos contribuyen a la sensación de disociación. Nos quedamos insensibilizados, congelados y dormidos. Anulamos el poder del amor y la inocencia en un intento de protegernos de sentir las heridas más profundas y vergonzantes. Hemos obrado lo mejor que hemos sabido para sobrevivir, y hemos llegado a confiar en el ataque y a temer la presencia del amor.

En muchos casos, el juicio ha sido nuestro principal mecanismo de defensa. Lo hemos usado para defendernos de la vulnerabilidad. Tenemos miedo de que, si bajamos la guardia y actuamos compasiva y amorosamente con los demás, se aprovechen de nosotros y ya no nos sintamos seguros. Esto es totalmente comprensible teniendo en cuenta los traumas que hemos experimentado en el pasado y todos los sucesos críticos que se producen en el mundo. En cuanto ponemos las noticias, nos vemos inmersos en la negatividad. De modo que, día tras día, mes tras mes, año tras año, hemos ido construyendo un muro contra la presencia del amor, y hemos llegado a confiar en que el juicio nos protegerá.

Detrás del muro de juicios están los sentimientos más profundos de inadecuación y vergüenza. Cuando estamos separados de los demás, sentimos vergüenza. Nos sentimos solos, creemos que no somos lo bastante buenos, que no merecemos el amor y la conexión. La vergüenza es la emoción más difícil de aceptar, y estamos dispuestos a hacer cualquier cosa para evitarla. Nos resistimos a ella proyectándola sobre los demás a través del juicio, y después llegamos a confiar en el juicio para aliviar las heridas.

El primer paso para sanar la vergüenza y bajar la guardia consiste en aceptar que no somos víctimas del mundo que vemos. Al ser testigos de nuestros juicios con amor y compasión por nosotros mismos, podemos ver la parte de nosotros que está herida y trata de protegernos de sentir vergüenza. Pero es una protección falsa. Cuanto más conscientes nos hacemos de que usamos el juicio para «estar seguros», más nos damos cuenta de lo inseguro que es. Podemos empezar a ver que el juicio engendra más juicio. Al intentar protegernos con juicios, generamos más separación y ahondamos la desconexión del amor. El amor puede parecernos mucho más atemorizante que el miedo. Nos sentimos aterrorizados de dejar entrar el amor porque sentimos que, si lo hacemos, nos expondremos a sentir más dolor.

Pero el amor es el antídoto del juicio. El amor lo sana todo.

Cuando somos testigos de nuestros juicios con amor, podemos vernos como niños inocentes. Vemos nuestras heridas y empezamos a entender de dónde proviene la tendencia a juzgar. Si has sufrido abusos de niño, por supuesto que juzgarás al mundo que te rodea, porque no te sientes seguro. Si un amante te ha dejado, es inevitable que juzgues todas las relaciones futuras para protegerte y para que no vuelvan a hacerte daño. Si te has sentido acosado o atacado, por supuesto que querrás devolver el ataque para intentar salvarte del dolor y el sufrimiento.

En la actualidad, en mi país, tras la elección presidencial, observo que las heridas infantiles de millones de personas se han activado más allá de toda medida. Se sienten relegadas e ignoradas. Se sienten acosadas. Se sienten sexualmente agredidas. Se sienten dianas del fanatismo. Sus heridas se han desgarrado de repente y su instinto de protección se ha activado con fiereza.

Yo honro sus sentimientos. Y al mismo tiempo soy testigo de sus heridas. Veo con claridad que sus juicios son un mecanismo de defensa. También puedo ver que todos nos aferramos con fuerza a las propias defensas. Soltar el juicio sobre los demás sería quitarnos la armadura y dejar de luchar. Las personas traumatizadas no pueden bajar la guardia. Pero ¿qué pasaría si todos los enfervorizados de ambos bandos se tomaran un momento para observar sus juicios? Se darían cuenta de que, en esencia, sus juicios no son distintos de los de cualquier otra persona. Su temor es el mismo. Su herida es la misma.

TODOS ESTAMOS HERIDOS

Todos somos niños inocentes y estamos profundamente traumatizados. Tenemos miedo del amor y usamos el juicio para protegernos. En muchos casos, la separación y el juicio han representado nuestra única manera de sobrevivir. Honrar las maneras de actuar que nos han dado seguridad es un paso enorme.

Los juicios con respecto a los demás nos han protegido de afrontar las heridas. Para evitar sentirlas, hemos establecido defensas y apariencias a nuestro alrededor. Escondemos las heridas bajo la ropa, en nuestras relaciones, y tras nuestro estatus social y económico. Las percepciones que hemos construido a nuestro alrededor son como luces cegadoras que encendemos para distraernos de las sombras internas. Confiamos en ellas porque, si nos faltaran, nuestra vulnerabilidad quedaría expuesta.

Hacemos un enorme esfuerzo por ocultar la vulnerabilidad, pero es ella la que en verdad nos cura. Cuando nos sentimos suficientemente seguros para exponer nuestras sombras, nos liberamos. Ya no tenemos que protegerlas más. Podemos empezar a desmantelar el muro que nos separa del amor real, auténtico e intrépido. Al observar nuestros juicios, retiramos el primer ladrillo del muro y echamos una mirada a lo que está detrás: nuestras vergüenzas, miedos y sentimientos de separación. Destapar los verdaderos sentimientos nos ayuda a entender lo que nos provoca reacciones intensas y a honrar las heridas para poder trabajar con ellas y superarlas. Cuando observamos nuestros juicios, aceptamos que son meras defensas contra las heridas.

Esto nos lleva al primer paso de la desintoxicación del juicio.

OBSERVA TU JUICIO SIN JUZGARTE

Esta es una práctica preciosa. Lo que se te pide es que seas más consciente de cómo te separas de los demás y del mundo. Esto requiere hacer un inventario honesto de tus pensamientos, palabras y acciones. Cuando examinas de cerca cómo juzgas, puedes sentir la tentación de juzgarte a ti mismo. Vamos a apartar eso de en medio ahora mismo aceptando que ¡*todos juzgamos continuamente!* Vivimos en un mundo lleno de juicios y nadie es un santo. Por lo tanto, aceptemos que todos estamos juntos en esto. Sé que con esta actitud me siento mejor.

Cuando me juzgo a mí misma por juzgar, procuro recordar que no estoy sola. Recuerdo que el juicio es una adicción que lo impregna todo. Cuando observo mis juicios sin juzgarme, me siento orgullosa de estar dispuesta a sanar y a crecer. Me aplaudo por salir de la oscuridad y dirigirme hacia la luz. Me honro por los traumas que me han llevado a ponerme tan a la defensiva. Después de todo, no tendría la necesidad de juzgar si me sintiera segura y completa. Las creencias oscuras que tengo dentro son las que me llevan a juzgar. Uso el juicio para retirar la atención de mis propios sentimientos de inadecuación y los proyecto en otras personas para aliviarme. Pero, en lugar de aportarme el alivio deseado, proyectar mis juicios sobre otros corta mi conexión con mi verdad. Después de la proyección, me siento desconectada, atemorizada y sola. Me siento separada de los demás e insegura de mi percepción del mundo. Las secuelas del juicio son un estado oscuro y atemorizante que no me ofrece alivio alguno.

El verdadero alivio viene cuando soy lo suficientemente valiente como para observar el juicio y llamarlo por su nombre: miedo. La causa raíz de todo juicio es el miedo a no ser suficiente, a no merecer amor y a no sentirse seguro. Si somos lo bastante valientes como para mirar el juicio y el miedo, podemos empezar a sanar.

Al ser una profesora espiritual, he establecido el importante compromiso conmigo misma de presentarme ante el mundo con amor y gracia. No me resulta fácil. Con frecuencia me siento herida y ofendida, y me pongo a la defensiva. Pero, a fin de poder estar presente para mis lectores y para mí misma, me he convertido en una maestra de la observación de mis propios juicios.

Este paso del proceso de desintoxicación es el más crucial de la práctica. Sin honestidad y ganas de examinar la oscuridad, nunca podrás entrar en la luz.

DA EL PRIMER PASO PARA ENTRAR EN LA LUZ

Dice el profesor espiritual Eckhart Tolle: «En cuanto tomas conciencia del ego en ti, podemos decir —hablando estrictamente— que deja de ser el ego, y pasa a ser solo un viejo hábito mental condicionado. Ego implica inconsciencia. La conciencia y el ego no pueden coexistir».

El primer paso de la desintoxicación del juicio consiste en tomar conciencia de las sombras oscuras en tu mente. Cuando tomas conciencia de tu oscuridad, se produce un cambio profundo, y ya no tienes que huir del miedo. Al exponer tu miedo a la luz, de repente no hay nada de lo que huir. Puedes ver el miedo como algo externo a ti, algo con lo que ya no tienes que identificarte. Ves el miedo y el juicio como hábitos adictivos más que como rasgos de personalidad. La observación desnuda al miedo y al juicio de su poder y te libera.

Como probablemente supongas, estar presente ante tu miedo puede resultar aterrador. Es posible que tengas miedo de exponer la oscuridad porque temes lo que puede estar acechando bajo la superficie. Por eso la desintoxicación del juicio es un proceso que se realiza paso a paso. No vas a exponer la oscuridad a la luz de una sola vez. Empiezas observando lo que está presente ahora mismo, de modo que, poco a poco, parte por parte, puedas ir haciéndote más y más consciente. Este proceso está pensado para tomárselo con calma; así podrás observar realmente tus hábitos de juzgar. Ahora mismo lo único que necesitas es estar dispuesto a emprender el viaje de sanar tu mente para liberarte.

¿Estás dispuesto a examinar tus juicios y llevarlos a la conciencia?

Confío en que la respuesta sea un sí. Si no estuvieras dispuesto, no habrías elegido este libro. Tu deseo de ser libre, feliz y de estar conectado te ha traído hasta aquí. De modo que vamos a invocar esa actitud con una oración que te permita contemplar tus juicios sin miedo y sin atacarte. La oración es un elemento clave de la verdadera sanación espiritual. Cuando rezas, dejas tus creencias temerosas al cuidado de tu sistema de guía interno. La oración te permite desconectar del hábito de tener miedo y de juzgar para poder abrir la conciencia a la voz del amor.

Esta oración te ayudará a abrirte y a dar los pasos del proceso espiritual que se extiende ante ti. Permite que ella te guíe a comprometerte con tu deseo de ser libre y de emprender el primer paso.

Recemos:

Doy gracias a mi yo superior, la voz del amor y la sabiduría dentro de mí. Gracias por otorgarme las ganas de abrir este libro y emprender este viaje.
Estoy dispuesto a ser libre. Estoy dispuesto a ser feliz.
Estoy dispuesto a observar mis juicios sin juzgarme.

Ahora que estás energéticamente preparado para contemplar tus juicios, toma cuaderno y bolígrafo.

Escribe en lo alto de la página: «Estoy dispuesto a observar mis juicios sin juzgarme».

A continuación, dibuja cuatro columnas en la página. Si quieres continuar esta práctica en el diario de desintoxicación del juicio, las columnas ya están dibujadas. Para acceder al diario, visita: GabbyBernstein.com/JudgmentDetox.

Columna 1: ¿Qué o a quién estoy juzgando?

Columna 2: ¿Cómo me hacen sentir estos juicios?

Columna 3: ¿Por qué siento que mis juicios están justificados?

Columna 4: ¿Qué momento u ocurrencia de mi vida hace que sienta que mis juicios están justificados?

A continuación presento dos ejemplos de cómo usar el proceso de las cuatro columnas.

Comienza en la columna 1. Haz una lista en la que incluyas cualquier cosa que te venga a la mente. No te corrijas en absoluto, limítate a anotar todos los juicios que surjan. Procura hacer una lista de al menos quince juicios. Puedes empezar con un juicio menor si te da miedo comenzar por los grandes.

Tal vez hayas juzgado a una desconocida que estaba en la cola de la caja del supermercado por lo que llevaba puesto. O a una amiga de Facebook por algún comentario. A lo largo del día hacemos muchos pequeños juicios. Cuanto más te permitas ser consciente de ellos, más evidentes serán. No desacredites los juicios aparentemente menores porque tal vez descubras que está operando un patrón mayor.

Una vez que hayas anotado esos quince juicios, tómate un momento para revisar la lista *sin corregirla*. Tal vez sientas que algunos de ellos no están muy activos en este momento. Mantenlos en la lista de todas formas. Confía en que todo lo que has anotado en la página expone algo ante ti. Aunque parezca un juicio menor, debajo hay algo que tiene que quedar expuesto. Confía completamente en lo que has escrito.

¿Qué o a quién estoy juzgando?	¿Cómo me hacen sentir estos juicios?	¿Por qué siento que mis juicios están justificados?	¿Qué momento u ocurrencia de mi vida me hace sentir que mis juicios están justificados?
Juzgo a los académicos sabelotodo por pensar que ellos son mejores que los demás.	Al principio me hace sentir bien, porque siento que me protejo de las personas que se creen mejores que yo. Pero, cuando me permito estar con mis sentimientos, me siento sola y separada.	Porque los académicos son sabelotodo y creen que son mejores que quienes no tienen su vocabulario y conocimientos.	Cuando estaba en sexto grado, el niño listo y popular del que estaba enamorada me dijo que era estúpida.
Juzgo a mi mejor amiga por salir con hombres que no son buenos para ella.	Al principio siento que está justificado, pero rápidamente eso se convierte en tristeza, e incluso en celos.	Pienso que ella es mejor que los hombres con los que sale. Se merece más.	Lo que activa este juicio es que yo no elijo hombres buenos para mí. De hecho, ni siquiera salgo con hombres porque tengo demasiado miedo de que me hagan daño. Todo esto ha surgido de una ruptura traumática que viví el año pasado.

Tras documentar al menos quince juicios, pasa a la segunda columna. Aquí es donde has de ser honesto con respecto a cómo te hace sentir ese juicio. No es frecuente dar un paso atrás en relación con los pensamientos de ataque y revisar los sentimientos subyacentes. De hecho, es posible que esta sea la primera vez que los estés considerando. Entiendo que esto te pueda parecer muy incómodo y extraño. ¡Por favor, no te saltes este paso! Es esencial que te familiarices con el sentimiento oculto tras el juicio. Estos sentimientos te ayudarán a avanzar un paso más.

Repasa la lista de juicios y describe con gran detalle cómo te hace sentir cada uno de ellos. Sé muy descriptivo. Puedes sentir como si te ahogaras; es posible que el juicio te dé ganas de dar un puñetazo a la pared, o que te haga sentir justificado, empoderado y fiero. Te recomiendo que vayas todo lo lejos que puedas en la descripción de las sensaciones que el juicio produce en tu cuerpo. ¿Dónde guardas este juicio en tu cuerpo físico? ¿Tiene un color o una forma? ¿Te causa tensión o dolor físico? ¿Te hace sentir cosquillas en la piel o te tensa el pecho? Describe vívidamente cómo te hace sentir el juicio.

Cuando hayas completado la columna 2, rellena la columna 3. Tómate el tiempo que necesites para anotar todas las razones por las que sientes que tu juicio está justificado. No juzgues tus justificaciones, no te sientas culpable ni te avergüences de tus pensamientos. Date pleno permiso para escribirlos en la página. Hónralos. Este proceso consiste en deshacerse de conductas aprendidas durante años, de modo que sé valiente e intrépido.

Cuando hayas acabado la columna 3, pasa a la última. La columna 4 te da la oportunidad de usar la escritura libre para descubrir tus experiencias del pasado. Es un paso muy poderoso y posiblemente incómodo. Tómatelo con tranquilidad y confía en que estás siendo guiado. Comienza haciendo una lista de todos los posibles detonadores, de las heridas del pasado o los sucesos traumáticos que podrían ser la causa del juicio anotado en la columna 1. Algunas de estas causas pueden estar claras como el cristal. Por ejemplo, tal vez hayas juzgado a tu jefe por cómo te trata, lo que hace que te sientas débil y sin poder. Si es así, al llegar a la columna 4 te quedará claro que este juicio y el dolor que le acompaña representan un viejo recuerdo de cuando papá te reprendía. El enfado con tu padre te ha creado problemas con la autoridad. Estos miedos en torno a las figuras de autoridad te han llevado a juzgar y atacar para sentirte seguro.

Aunque, como en el ejemplo anterior, algunos de tus juicios pueden ser muy fáciles de desentrañar, sentirás resistencias a conocer el origen de otros. Expongamos las resistencias ahora mismo. Cuando tu ego se sienta amenazado o temeroso de desentrañar un viejo agravio o una herida traumática, te cerrarás. Te sentirás entumecido y es posible que te dé sueño. Cuando empecé a sanar mis propios juicios, surgieron a la superficie algunas memorias traumáticas. Cada vez que intentaba recordar las razones del agravio, ¡literalmente empezaba a bostezar y me quedaba dormida! Era el mecanismo de mi cerebro para protegerme y evitar avanzar demasiado rápido hacia sentimientos y recuerdos incómodos. Te digo esto porque, si te descubres cerrándote o sintiéndote exhausto, frustrado, molesto o displicente, está bien dejarlo y volver a la columna 4 en otro momento.

No ocurre nada si de momento solo llegas a la columna 3. Ya volverás a la columna 4 cuando te sientas más seguro. Y si este trabajo te inquieta o te irrita en algún sentido, también puedes buscar terapia profesional o acceder a uno de los recursos para tratar el trauma que ofrezco en GabbyBernstein.com/bookresources.

Date el tiempo que necesites para completar las cuatro columnas. Cuando lo hayas hecho, tómate un rato para reflexionar sobre lo que has descubierto. Responde las preguntas siguientes en tu diario:

> ¿Hay algún patrón característico en tus juicios?
>
> ¿Te ha sorprendido algo de lo que has descubierto?
>
> ¿Cómo te hace sentir observar tu juicio?
>
> ¿Te has juzgado por él?
>
> ¿Has sentido alivio al mirar el juicio?
>
> ¿Te ha resultado incómodo mirarlo?

Deja que fluya el bolígrafo mientras contestas cada una de estas preguntas en tu diario. No corrijas nada. Tras completar todas las respuestas, anota cualquier otra cosa que te haya surgido. Examina de cerca lo que este ejercicio ha activado en ti y honra tu trabajo.

A lo largo de esta desintoxicación, continúa rellenando las cuatro columnas. Conviértelo en parte de tu práctica diaria. Cada mañana, al despertar, consulta y ve si tienes algún nuevo juicio que quieras observar. He descubierto que, si veo las noticias, e incluso si repaso Twitter antes de ir a la cama, es probable que despierte con juicios. Esta práctica me ayuda a limpiar el juicio antes de empezar el día.

Practicar este paso a primera hora de la mañana puede tener un gran impacto en tu día. Al despertar, tómate unos minutos para rellenar las cuatro columnas del cuadro. Cuando tomas bolígrafo y papel y observas tu juicio, es como si abrieras de par en par las cortinas de tu mente y dejaras entrar el sol. En lugar de arrastrar el juicio contigo inconscientemente durante todo el día, arrojas luz sobre él. El simple hecho de mirar el juicio te ayuda a sentirte menos apegado a él y a establecer una mentalidad ganadora para el resto del día.

A lo largo de la jornada seguirás juzgando, como hacemos todos. Pero ahora serás consciente de ello y te asombrará la cantidad de juicios que emites. Presta atención a tus pensamientos, palabras y acciones de juicio a lo largo del día. Tal vez puedas anotarlos en tu diario para repasarlos después. Procura mantener el compromiso con la práctica de estar consciente. Recuerda: cuanto más consciente seas del juicio, menos apegado estarás a él. Observar tus juicios reduce su poder.

Antes de ir a dormir, vuelve a las cuatro columnas y añade cualquier nuevo juicio que haya surgido durante el día. Cada mañana y cada noche tómate tiempo para prestar mucha atención a los juicios que surgen en ti. Tal vez descubras que repites uno o dos de ellos. O que, cuando un juicio se resuelve, pasas a otro para obsesionarte con él. O tal vez el juicio con el que despertaste siga presente antes de ir a la cama. Simplemente obsérvalo sin juzgarte y toma nota de él en el diario. Sigue prestando atención a los patrones e historias que salgan a la superficie.

A lo largo de este paso, continúa enfocándote en tu propia sanación y no en los comportamientos de los demás. A medida que examines tus juicios más de cerca, sentirás la tentación de fijarte en cómo otras personas te decepcionan y en las razones por las que deberían cambiar. Haz todo lo posible por no condenarlas. Deja el agravio en la estantería y enfócate en tu propia sanación. Tu ego continuará tentándote para que proyectes tus incomodidades sobre los demás. Limítate a observar amorosamente los trucos del ego y esfuérzate al máximo por no actuar a partir de ellos. Y cuando lo hagas (porque lo harás), añade un nuevo juicio a la lista y continúa con la práctica. No te preocupes de cómo gestionar a otras personas. Llegaremos a eso en pasos posteriores. De momento, enfócate en tu propio hábito de juzgar y deja que los demás hagan sus cosas.

CELEBRA LOS MOMENTOS MILAGROSOS

Este primer paso de la desintoxicación del juicio te hará más consciente de los estragos que los juicios causan en la mente subconsciente. Debes ser íntimamente consciente de tus hábitos de juicio a fin de sanarlos. Cuanto más consciente seas de cómo juzgas, más fáciles te resultarán los pasos siguientes.

Hónrate por estar dispuesto a examinar este comportamiento. Crea una sección en tu diario para celebrar los momentos milagrosos. Un momento milagroso puede ser tan simple como estar dispuesto a observar tus propios juicios a lo largo del día. Puede ser el reconocimiento de que ya no crees en un pensamiento de juicio. Tal vez el milagro sea que el pensamiento de juicio que te molestaba por la mañana ha desaparecido cuando vuelves a revisar las notas por la noche. Documenta tu progreso a medida que avances con el libro y empieza ahora mismo con el reconocimiento de que estás dispuesto a mirar tus juicios, aunque te resulte incómodo.

Cuanto más consciente seas de cómo se presenta el juicio en tu vida, más dispuesto estarás a seguir adelante por este camino. No puedes sanar tus percepciones si no te decides a examinarlas.

Cinco días después de las elecciones de 2016, di una charla en un encuentro espiritual. El título era «El universo te cubre las espaldas» y estaba basada en las lecciones de mi último libro. Subí al escenario y empecé con una declaración muy atrevida: «Dado el estado en que nos encontramos, me siento llamada a cambiar la dirección de mi charla. No puedo subir aquí hoy e ignorar la división, la separación y los juicios que arrasan nuestro país. Tengo que decir lo que pienso. Esta no es una charla sobre política. Es una charla sobre unicidad. Ahora es el momento de que veamos nuestros juicios sin juzgarnos».

No di una charla política, pero en ese momento todo el mundo tenía la política en la cabeza. Entre los cientos de asistentes, algunos mantenían puntos de vista políticos muy extremos y divergentes. No obstante, pasé dos horas enseñando a disolver todas las fronteras con amor, a soltar la separación y expresarse con más luz. Sabía que cambiar el tema de la charla podía molestar a algunos de los presentes. Pero, en medio del torbellino palpable, sentí la necesidad de ofrecer guía, sabiduría y soluciones. Me esforcé al máximo por honrar a ambos bandos de la conversación y devolverla al amor y la sanación.

Durante el turno de preguntas y respuestas, una mujer joven se puso de pie y compartió que se sentía devastada por el resultado de las elecciones. Dijo: «Lo que más me molesta es todo el odio y la ira que veo en internet. La gente se juzga mutuamente por sus puntos de vista. Solo quiero traer más amor a la conversación. ¿Qué hago?».

«Sube ese mensaje. Saca el juicio a la luz. Arroja luz sobre él al señalarlo. Observa tu juicio públicamente y comparte que quieres traer más amor a la conversación».

Se sintió empoderada por la idea de que no tenía que *hacer* nada aparte de reconocer su propio juicio y ser honesta. Aceptó que diciendo la verdad podía liberarse.

La charla llegó a su fin y pregunté al público si alguien en la sala sentía el deseo ardiente de decir algo. Otra mujer joven levantó la mano y dijo: «Gabby, al principio de tu charla he estado a punto de irme. Me aterrorizaba que fueras a intentar convencernos de tus puntos de vista políticos. Yo voté a Trump. Soy mujer, he sobrevivido a tres violaciones y siempre he tenido muchas cosas en mi contra. Pero, a pesar de todo, he decidido apoyar a un hombre que creo que traerá el cambio que deseo. Me siento orgullosa de decir esto».

La sala permanecía en silencio. Miré al público y dije: «Honrémosla por su elección y elogiémosla por la valentía de decir lo que piensa».

Entonces un público de extraños, la mayoría de los cuales estaban en desacuerdo con sus puntos de vista políticos, se puso de pie y la honró por sus decisiones con una ovación cerrada. En ese momento el grupo disolvió las fronteras con amor. Después de haber pasado dos horas en oración, meditación y comunicación con Dios, podían mirar de cerca sus temores y juicios, y volver a elegir. Escogieron sacar el juicio del altar y reemplazarlo por el amor.

Yo acepté que la dirección de mi charla podía molestar a algunos y asumí plena responsabilidad por ello. Pero me sentí llamada a hablar de la división y de la separación que sufríamos. Este es un tiempo para la unicidad, y mi misión es extender este mensaje de todas las maneras posibles.

Creo que tú estás aquí por la misma razón. Has abierto este libro porque tu yo superior te guía para que te manifiestes con más grandeza: para que seas más bondadoso, compasivo y amoroso. La manera más clara de encontrar alegría y éxito es unir la mente con el amor. El amor disuelve todas las fronteras, la separación, la guerra y el ataque. La elección del amor por parte de una persona repercute en todo el mundo. Tu compromiso

OBSERVA TU JUICIO SIN JUICIO

con esta práctica importa. Es el momento de observar tu juicio y volver a elegir.

Observar tu juicio es un acto de autoamor y un gran paso hacia la sanación. La disposición a mirar amorosamente tus juicios te ha preparado para el siguiente paso, que es honrar tus heridas. Cuando eres lo bastante valiente como para mirar tu psique fragmentada, honrar las heridas se vuelve más fácil. En la próxima lección serás guiado a examinar más de cerca las aflicciones subyacentes a tu tendencia a juzgar. Confía en que estar dispuesto a observar tus juicios sin juzgarte te ha preparado. Mientras des el siguiente paso, continúa buscando apoyo en el paso 1. Sigue siendo el testigo sin juicio de tus juicios y confía en la próxima acción correcta.

Honra la herida

Soltar los juicios puede darte mucho miedo y dejarte muy desorientado porque es un hábito en el que confías. De algún modo, soltar los juicios puede parecer como dejar ir a un amigo que, en el fondo, sabes que no es bueno para ti. Aunque el corazón te dice que es el momento de pasar a otra cosa, tienes una sensación de tristeza y pérdida.

Bajo cada juicio hay una herida central. Incluso los juicios menores y aparentemente insignificantes surgen de nuestra vergüenza y de nuestras sombras. Recuerda: si fuéramos felices y nos sintiéramos completos, no juzgaríamos. Los sentimientos de que no valemos nos llevan a proyectar el juicio hacia fuera. Creemos inconscientemente que, si situamos el dolor en otra persona, no tendremos que sentirlo. De modo que, en lugar de abordar los sentimientos de inadecuación y falta de valía, evitamos el dolor fijándonos en lo que parecen ser los defectos de los demás. Pero proyectar nuestro juicio sobre otras personas solo nos ofrece un tenue aplazamiento. No es solo que los sentimientos de inadecuación *no* se disuelvan, sino que, para empeorar las cosas, sentimos culpa inconsciente (o consciente) por juzgar a los demás.

En el paso 1 empezaste a mirar las heridas que viven bajo la superficie de tus juicios. Hiciste una revisión honesta de los sentimientos, recuerdos, traumas y experiencias que te hacen sentir separado, inferior y atemorizado. Observaste tu juicio sin temor ni juicio.

Con esta nueva conciencia de tus juicios ya estás preparado para dar un paso decidido en el proceso de sanación: honrar tus heridas. Este fue el paso más importante en mi propio proceso de recuperación. Estar dispuesta a honrar mis heridas me ayudó a generar un cambio significativo y sostenible en mis hábitos de juzgar y en mi vida. Seré honesta: al principio me resistí a esta práctica. Quería ir más allá de las heridas y liberarme completamente del juicio. Pero la evitación no funciona. Si no honramos las heridas y los patrones energéticos que habitan bajo los juicios, seguirán surgiendo una, otra y otra vez.

Durante años observé mis juicios con desdén. Me sentía un fraude. Aquí estaba yo, una profesora espiritual, juzgando *constantemente*. Me sentía avergonzada de este comportamiento y rezaba sin cesar para aliviarme milagrosamente de mis juicios. Deseaba con desesperación dejar atrás el hábito de juzgar, pero mis buenas intenciones no bastaban. Una y otra vez el juicio se llevaba lo mejor de mí. Me observaba hablar negativamente sobre alguien sin ningún motivo, o enfadarme mucho y juzgar lo que veía en las noticias. Estos pensamientos de baja vibración me hundían.

La adicción al juicio me hacía sentir incapaz y agotada. Pero había un destello de esperanza: en el fondo sabía que existía una solución espiritual para este problema. La disposición a observar el juicio y el deseo de soltarlo fueron suficientes para guiarme a dar el siguiente paso. Hice un inventario honesto de los sentimientos, creencias limitantes y experiencias que vivían bajo la superficie de mis juicios. Esta práctica me ayudó a ver los patrones. Por ejemplo, mientras practicaba el paso 1, vi con claridad que mis juicios sobre los sabelotodo surgían del momento en que el niño que me gustaba en sexto grado me había dicho estúpida.

Si bien fue fácil identificar algunos de los hábitos de juzgar, con otros resultó más difícil. Me esforcé por entender uno en particular, e incluso por admitir que era uno de mis juicios. Me di cuenta de que juzgaba a las mujeres por coquetear y por ser sexis. Me daba vergüenza hasta observar este juicio porque hacía surgir en mí muchos sentimientos incómodos, pero estaba dispuesta a explorar lo que había detrás de este hábito.

Entonces el universo hizo por mí lo que yo no podía hacer por mí misma y fui guiada a afrontar este incómodo patrón de una vez por todas. Ocurrió así: fui contratada para enseñar en un retiro de cuatro días, pero, por primera vez, además de ser la organizadora y la profesora, también era una participante. Esta era una dinámica nueva para mí; hasta entonces siempre me había presentado en la modalidad *profesora*. Conocía a muchos de los cuarenta y cinco asistentes al encuentro, y había mucha camaradería en el grupo. Hubo mucho tiempo libre para socializar y que la gente se pudiera conocer. En el grupo había una joven que me llamaba mucho la atención. Era bella, joven, lista, divertida y confiada. Se sentía extremadamente cómoda en su cuerpo y exudaba una poderosa energía infantil y sexi al mismo tiempo. Quería amarla, pero en mi mente no podía dejar de juzgarla. Seguía pensando: «¡Le encanta coquetear!».

Mis juicios se hicieron cada vez más duros. Solo era cuestión de tiempo que verbalizara los pensamientos negativos. Ves, la cosa es que me voy de la lengua. Si pienso algo una y otra vez, acaba saliendo por mi boca de manera inapropiada.

Y así ocurrió.

Una noche, en la cena, pasé al lado de la joven, que hablaba con un hombre en una mesa. Estaban rodeados por un gran grupo de gente. La miré y dije en voz alta: «¡Vaya con la ligona!». En ese momento vi el *shock* y la vergüenza dibujados en su rostro. Su energía se cerró y me dio la espalda.

Pensé: «Oh, Dios mío, la he pifiado». De inmediato entré en un estado de vergüenza y culpa. Pude ver los efectos de mi juicio sobre ella; la había molestado mucho. Me sentí avergonzada. Y me sentí especialmente avergonzada de haber tratado a alguien así a pesar de ser una de las monitoras del retiro. El juicio se estaba llevando lo mejor de mí.

Internamente sabía que había actuado mal, pero tardé algún tiempo en admitirlo. Al principio quise rebajar la situación y restarle importancia. No quería responsabilizarme de haber hecho algo tan mezquino. Pero, en el fondo, sabía que había proyectado una de mis heridas profundas sobre aquella mujer inocente. Al día siguiente, al despertar, me sentí todavía muy avergonzada y culpable. Le envié un mensaje de texto que decía: «Encontrémonos para desayunar».

«Buena idea», respondió.

Nos sentamos a desayunar y yo rompí el hielo diciéndole: «Siento si te ofendí anoche, solo bromeaba».

Pero, comprensiblemente, mi no disculpa no fue suficiente para ella. Me contó lo molesta que se sentía por cómo la había tratado y que no creía que fuera una broma. Sentía que detrás había algún tipo de resentimiento desagradable.

Su respuesta resonó en mí y mi vergüenza aumentó aún más. Tenía dos opciones. Podía continuar defendiéndome y ofrecerle una disculpa mediocre o podía mirar detenidamente las verdaderas razones que estaban detrás de mi juicio. Como no estaba segura de qué dirección seguir, me puse a rezar. En silencio, le pedí al espíritu que entrara e interviniera.

Ante mi silencio, ella volvió a hablar: «¿Sabes?, lo que me dijiste me molestó muchísimo porque siento mucha vergüenza por atraer la atención de los hombres».

Me contó que recientemente había descubierto algunos recuerdos molestos de su infancia que la hacían sentir avergonzada de recibir atención masculina.

Ese fue el momento milagroso. Me senté enfrente de aquella mujer inocente y compartí con ella que solo tres meses antes yo también había recordado mis propios traumas infantiles. Admití que durante más de treinta años había vivido con culpa y vergüenza en relación con mi sexualidad. En ese momento observé mi herida y me disculpé sincera y plenamente: «Tu libertad sexual activó mi vergüenza. Me hizo sentir que no soy lo suficientemente buena y hay algo que está mal en mí. Por eso te juzgué».

En ese momento expusimos la verdad y honramos nuestras heridas. Nos pusimos de pie y, en medio del comedor abarrotado y rodeadas de gente, nos abrazamos y lloramos. Lloramos por nuestro trauma infantil, lloramos por nuestra inocencia perdida y lloramos con alegría por la sanación que estábamos recibiendo.

Este instante de verdad disolvió la separación y el ataque. Tener el valor de honrar nuestras heridas hizo desaparecer el juicio. Reconocimos nuestras heridas, nuestra vergüenza, y lo que nos hacía reaccionar de la otra. Al honrar las heridas, nos liberamos.

Sé que ese momento fue guiado por lo divino. Confío en que Dios me llevó a este trabajo espiritual para mostrarme una parte no sanada de mi sombra. Recuerda que, aunque siempre somos guiados, en todo momento podemos ejercer el libre albedrío. En ese instante podía hundirme en la oscuridad de mi sombra o elevarme a la luz. Elegí elevarme.

Este trabajo espiritual me ayudó a honrar mi herida, pero había más trabajo que hacer. Al examinar mis sentimientos de cerca, vi que mi reacción de tener miedo, sentirme inadecuada y necesitar protección en realidad no se correspondía con mi yo actual. Más bien había una niña inocente que intentaba desesperadamente protegerse de sentir vergüenza y miedo.

Esta toma de conciencia del dolor que estaba detrás del juicio me ayudó a verme con mucho amor y compasión. Me honré por ser lo suficientemente valiente como para mirar esta oscuridad e identificarla como la causa de mi comportamiento. Pude ver con claridad que mis intentos de evitar la vergüenza y el sufrimiento no sanados me habían llevado a proyectarlos afuera. Los proyectaba en mis amigas, en mi marido e incluso en extraños. Me pasaba la vida juzgando al mundo que me rodeaba para evitar sentir vergüenza. Fue una enorme revelación. Me di cuenta de toda la tristeza de la que intentaba huir, y de que el juicio era mi principal defensa para evitar la verdad.

Para liberarme de este antiguo patrón tenía que honrar mis heridas. Tal como quería el universo, justo cuando estuve dispuesta a profundizar más en mi curación, se me presentó la ocasión perfecta de hacerlo. En esa época estaba muy comprometida con el trabajo de los recuerdos de mi trauma infantil. Para ayudarme había creado un equipo de terapeutas, sanadores energéticos y consultores de crecimiento personal. Una de las modalidades de curación que me aportó un gran alivio fue la EFT, la técnica de liberación emocional o *tapping* (emplearé ambos términos indistintamente).

EFT es una técnica psicológica de acupresión que fomenta la salud emocional. Es única porque une los beneficios cognitivos de la terapia con los beneficios físicos de la acupuntura para restaurar la energía y sanar las emociones. En la EFT no se usan agujas. Simplemente estimulas ciertos puntos de los meridianos corporales dándote golpecitos sobre ellos con la punta de los dedos.

Hace más de cinco mil años, los chinos reconocieron una serie de circuitos de energía que recorren el cuerpo. Los llamaron *meridianos*, y actualmente este concepto es la base de la acupuntura y de la acupresión. Cuando te das golpecitos en ciertos meridianos de energía específicos que se encuentran en la cara, la cabeza, los brazos y el pecho, puedes liberar viejos temores, creencias limitantes, patrones negativos e incluso dolores físicos. Mientras te das golpecitos, hablas en voz alta del asunto que tratas de sanar. Al permitirte expresar la emoción al tiempo que te das golpecitos en los puntos de energía, envías una señal al cerebro de que es seguro relajarse. La respuesta de miedo, controlada por la amígdala, se reduce.

La meta de la EFT es equilibrar las alteraciones del campo energético, no desenterrar algún recuerdo específico. Puede producirse una gran sanación y alivio sin tener que revivir ningún recuerdo en absoluto.

Gary Craig, el creador de la EFT, dijo: «La causa de todas las emociones negativas es una alteración del sistema energético del cuerpo». Gary enseña que la causa de una emoción negativa no es un recuerdo o una experiencia traumática, sino un suceso traumático que *crea una alteración en el sistema energético corporal*. A su vez, esa alteración genera la emoción negativa. A través del proceso de la EFT, puedes sanar la alteración del sistema energético y, en consecuencia, las emociones.

Así lo explica Gary:

La EFT opera bajo la premisa de que, independientemente de la parte de tu vida que necesites mejorar, en el camino encontrarás problemas emocionales sin resolver. La premisa de la EFT también incluye el entendimiento de que, cuantos más problemas emocionales no resueltos puedas limpiar, más paz y libertad emocional tendrás en tu vida. Con esto en mente, la EFT puede ser un proceso continuo que usemos para deshacer los viejos traumas y dar la bienvenida a cualquier nuevo reto con una actitud saludable y productiva.

Esta técnica te ayudará a descubrir la causa raíz del juicio y reparará la alteración energética que en un principio te hizo sentir la necesidad de juzgar. Las experiencias negativas alteraron tu energía. Tu respuesta a dicha alteración fue el miedo, que evitaste sentir proyectándolo externamente a través del juicio. Para sanar la proyección, debes sanar la alteración.

En la práctica de la EFT, hay relativamente poco sufrimiento emocional implicado, sobre todo en comparación con algunos métodos de terapia tradicional. En parte, esta es la razón por la que me encanta enseñar esta técnica. He descubierto que el *tapping* es una de las maneras más poderosas de superar bloqueos, aliviar el dolor físico, abandonar las fobias y sanar las emociones negativas que están detrás de las experiencias traumáticas. También es fácil de aprender, y puede practicarse en cualquier lugar y momento. Mediante este proceso de *tapping*, puedes experimentar cambios milagrosos, que además se producen con rapidez.

La práctica de la EFT es simple. Sigue la guía que te voy a dar y mantente abierto a recibir sanación. Si deseas más instrucciones en vídeo, puedes visitar GabbyBernstein.com/JudgmentDetox.

¿Estás preparado para emprender la sanación? Así es como funciona.

El proceso de *tapping* se empieza por lo que se llama el Asunto Más Apremiante, o AMA. En este caso, el AMA está relacionado con el juicio. Comencemos con la frase: «No puedo dejar de juzgar a esta persona». Puedes reformular la frase para describir específicamente tu situación. La *persona* puede ser un individuo, un grupo de gente o incluso tú mismo. Puedes modificar el guion siguiente para que se adapte mejor a tu caso.

Antes de comenzar el *tapping*, evalúa tu AMA en una escala de 0 a 10, en la que 10 es el punto de máxima alteración. Evaluamos el AMA antes de empezar a dar los golpecitos debido a lo que se conoce como el Efecto Ápice, un fenómeno por el que las personas tienden a pasar por alto o descartar los verdaderos beneficios del *tapping*. Al completar la sesión, se suelen experimentar muchos de los resultados deseados, incluida la liberación del miedo, del dolor o de otros síntomas asociados con el AMA. No obstante, a veces la gente que es nueva en el *tapping* no atribuye dichos beneficios a la EFT. Suelen recurrir a excusas para explicar la desaparición de los síntomas. Pueden pensar que han podido distraerse lo suficiente, o que ha ocurrido algo durante el proceso que les ha hecho reír o sonreír, y que eso es lo que los ha sanado. ¡Algunas personas llegan a olvidar por completo los síntomas que tenían! En un momento están aterrorizados por la fobia a las alturas y al siguiente insisten en que las alturas no son ningún problema. Suena un poco extraño, pero quienes practican la EFT ven esto todo el tiempo. Y el riesgo de no reconocer los beneficios de la EFT es que puede impedirte recurrir a esta poderosa técnica de sanación que puede ayudarte mucho.

Para evitar el Efecto Ápice, evaluamos el AMA entre 0 y 10 antes de empezar. Este número entre 0 y 10 te ofrece un punto de referencia claro al que remitirte una vez acabada la sesión. (Y, en caso de que sientas curiosidad, sí: se puede empezar la sesión en 10 y bajar a 0 en cuestión de minutos.) Evaluar tu AMA te ayudará a evitar el Efecto Ápice y te dará la oportunidad de celebrar tu sanación y tu éxito.

Si bien al principio el proceso de *tapping* puede parecer un poco extraño, en realidad es muy simple. He usado esta técnica para librarme del dolor físico, para lidiar con problemas menores e incluso con traumas y fobias serios. Durante algún tiempo sufrí un terrible miedo a los ascensores. Me quedé atascada dentro de dos en el plazo de seis meses. Estas experiencias activaron temores de cuando era pequeña, hasta que llegué a no poder poner el pie en un ascensor. Estaba dispuesta a caminar veinte tramos de escalera antes de considerar incluso la posibilidad de tomar el ascensor. Este miedo se estaba volviendo imposible, de modo que tenía que hacer algo al respecto. Decidí aplicar el *tapping*. Después de unas pocas sesiones, llegué a la causa raíz de mi trauma y sané la alteración energética. Al día siguiente me monté en un ascensor sin ninguna preocupación en absoluto. Fue un milagro.

En este paso de la desintoxicación del juicio te guiaré a usar el *tapping* para sanar las alteraciones energéticas, los sentimientos, los resentimientos y los traumas que residen debajo de tus hábitos de juzgar. Recuerda, juzgas para evitar una emoción que no quieres sentir. Una vez que empieces a conectar con la herida subyacente, desharás la alteración energética en tu cuerpo y te sentirás libre de la emoción. En ese espacio de libertad emocional, ya no necesitarás juzgar a otros ni a ti mismo. El *tapping* te ayudará a despejar el espacio para la completa sanación espiritual que se presenta en los capítulos siguientes. Debes sanar la alteración energética oculta bajo el patrón a fin de cambiar de comportamiento.

Al empezar la práctica del *tapping,* conviene seguir un guion. Los guiones siguientes te llevarán a explorar las emociones que están detrás de tus juicios. Pronuncia cada línea en voz alta mientras te das golpecitos en el punto meridiano correspondiente. Puedes darte los golpecitos con cualquier mano, y no importa en qué lado de la cara o del cuerpo te los des. El guion te conducirá a realizar varias rondas en las que honrarás tu miedo, resentimiento e incomodidad. A estas se las llama las rondas negativas. Tras comenzar a sentir un poco de alivio en las rondas negativas, empezarás con las positivas y cambiarás la estructura de tus pensamientos. El cambio de lo negativo a lo positivo te hará sentir genial. Tu cuerpo se relajará, tu respiración se hará más honda y es probable que sueltes cualquier justificación del juicio. Incluso puedes llegar a soltarlo completamente.

Para ayudarte a iniciar la práctica con la EFT, he escrito un guion específico que trabaja directamente con los juicios. Úsalo y date golpecitos en las áreas designadas de tu cuerpo (los puntos meridianos) mientras pronuncias las frases que se sugieren. Antes de empezar, revisa dónde está cada punto meridiano en la imagen siguiente.

TAPPING PARA EL JUICIO

Empezamos evaluando tu Asunto Más Apremiante. Pregúntate en qué medida te sientes cargado emocionalmente cuando piensas en la persona a la que no puedes dejar de juzgar. (Recuerda que puede ser un grupo de personas o incluso tú mismo. Puedes reemplazar las expresión «esta persona» con un nombre.)

Evalúa tu AMA en una escala de 0 a 10, en la que 10 corresponde a la máxima carga emocional.

Puntos de tapping

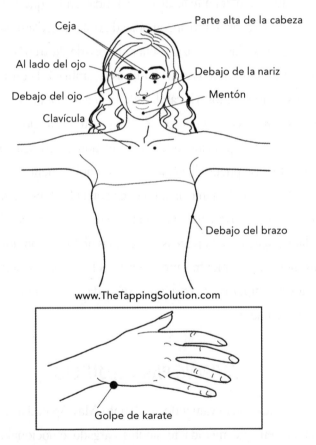

Ceja

Parte alta de la cabeza

Al lado del ojo

Debajo de la nariz

Debajo del ojo

Mentón

Clavícula

Debajo del brazo

www.TheTappingSolution.com

Golpe de karate

La evaluación de tu AMA: _____

El paso siguiente consiste en darte golpecitos en el punto golpe de karate (como se ve en el cuadro anterior) con la otra mano. Mientras lo haces, repite la frase siguiente tres veces en voz alta: «Aunque no puedo dejar de juzgar a esta persona, me amo y me acepto por completo».

Mientras te das golpecitos en el punto golpe de karate: «Aunque no puedo dejar de juzgar a esta persona, me amo y me acepto por completo».

Mientras te das golpecitos en el punto golpe de karate: «Aunque no puedo dejar de juzgar a esta persona, me amo y me acepto por completo».

Mientras te das golpecitos en el punto golpe de karate: «Aunque no puedo dejar de juzgar a esta persona, me amo y me acepto por completo».

Continúa dándote golpecitos ligeros en los otros puntos, uno por uno, mientras dices cada frase en voz alta. Sigue esta secuencia:

Mientras te das golpecitos en la ceja: «No puedo dejar de juzgar».

Mientras te das golpecitos al lado del ojo: «Me da una sensación muy buena juzgarla».

Mientras te das golpecitos debajo del ojo: «Juzgar me hace sentir mejor conmigo mismo».

Mientras te das golpecitos debajo de la nariz: «Y esta persona merece verdaderamente mi juicio».

Mientras te das golpecitos en el mentón: «Ha hecho mucho para que yo desee juzgarla».

Mientras te das golpecitos en la clavícula: «Después de todo, se lo merece».

Mientras te das golpecitos debajo del brazo: «Siento que mi juicio está justificado».

Mientras te das golpecitos en lo alto de la cabeza: «¡Se lo merece!».

Mientras te das golpecitos en la ceja: «Si renuncio al juicio, estaré cediendo».

Mientras te das golpecitos al lado del ojo: «No quiero dejar de juzgar».

Mientras te das golpecitos debajo del ojo: «Juzgar me hace sentir mejor conmigo mismo».

Mientras te das golpecitos debajo de la nariz: «Creo que merezco juzgarla por esto».

Mientras te das golpecitos en el mentón: «Me ha hecho que sentir muy molesto».

Mientras te das golpecitos en la clavícula: «Realmente la ha tomado conmigo».

Mientras te das golpecitos debajo del brazo: «¡Se lo merece!».

Mientras te das golpecitos en lo alto de la cabeza: «¡Se lo merece!».

Mientras te das golpecitos en la ceja: «Me ha hecho enfadar mucho».

Mientras te das golpecitos al lado del ojo: «Merezco juzgarla por lo que ha hecho».

Mientras te das golpecitos debajo del ojo: «No puedo dejarlo correr».

Mientras te das golpecitos debajo de la nariz: «¿Cómo puede alguien ser así?».

Mientras te das golpecitos en el mentón: «Me ha puesto de los nervios».

Mientras te das golpecitos en la clavícula: «Estoy muy molesto».

Mientras te das golpecitos debajo del brazo: «Me ha agraviado mucho».

Mientras te das golpecitos en lo alto de la cabeza: «¡Se lo merece!».

Mientras te das golpecitos en la ceja: «Todo este juicio».

Mientras te das golpecitos al lado del ojo: «Siento que está justificado por lo que ha hecho».

Mientras te das golpecitos debajo del ojo: «Tengo muchas razones para juzgar a esta persona».

Mientras te das golpecitos debajo de la nariz: «Me siento bien al juzgarla».

Mientras te das golpecitos en el mentón: «Me siento seguro cuando la juzgo».

Mientras te das golpecitos en la clavícula: «Juzgo para protegerme».

Mientras te das golpecitos debajo del brazo: «Necesito hacer eso porque en el fondo siento vergüenza».

Mientras te das golpecitos en lo alto de la cabeza: «Quiero sanar mi vergüenza».

Mientras te das golpecitos en la ceja: «Toda esta vergüenza».

Mientras te das golpecitos al lado del ojo: «Ni siquiera quiero reconocerla».

Mientras te das golpecitos debajo del ojo: «Tengo que juzgar para evitar esta vergüenza».

Mientras te das golpecitos debajo de la nariz: «Siento que es más seguro juzgar».

Mientras te das golpecitos en el mentón: «Tengo miedo de mi vergüenza y por eso juzgo».

Mientras te das golpecitos en la clavícula: «Tengo miedo de mi vergüenza».

Mientras te das golpecitos debajo del brazo: «Pero quiero soltarla».

Mientras te das golpecitos en lo alto de la cabeza: «Quiero sanar mi vergüenza para poder dejar de juzgar».

Continúa con el *tapping* haciendo las rondas negativas que he señalado antes. En cuanto tengas una sensación de alivio, puedes empezar las rondas positivas:

Mientras te das golpecitos en la ceja: «Pero en realidad el juicio no me hace sentir mejor».

Mientras te das golpecitos al lado del ojo: «El amor realmente me hace sentir mucho mejor».

Mientras te das golpecitos debajo del ojo: «Pero juzgar parece más fácil».

Mientras te das golpecitos debajo de la nariz: «Si soltara el juicio, ¿quién sería yo?».

Mientras te das golpecitos en el mentón: «Creo que me quedaría conmigo mismo».

Mientras te das golpecitos en la clavícula: «Ser yo tal vez sea mejor».

Mientras te das golpecitos debajo del brazo: «Tengo que soltarla para volver a amarme».

Mientras te das golpecitos en lo alto de la cabeza: «Si la libero, yo seré libre».

Mientras te das golpecitos en la ceja: «Toda la energía que dedico a juzgar podría dedicarla a sentirme bien».

Mientras te das golpecitos al lado del ojo: «Podría usar la energía con más sabiduría».

Mientras te das golpecitos debajo del ojo: «Y podría aumentar mi energía si elijo amar en lugar de juzgar».

Mientras te das golpecitos debajo de la nariz: «También puedo ver que estoy juzgando a una persona que siente dolor».

Mientras te das golpecitos en el mentón: «Puedo verla con compasión».

Mientras te das golpecitos en la clavícula: «Puedo ver su dolor».

Mientras te das golpecitos debajo del brazo: «Quiero enviarle amor y oraciones».

Mientras te das golpecitos en lo alto de la cabeza: «Ella solo quiere ser feliz, igual que yo».

Mientras te das golpecitos en la ceja: «Yo quiero ser feliz».

Mientras te das golpecitos al lado del ojo: «Soltar el juicio me libera para poder ser feliz».

Mientras te das golpecitos debajo del ojo: «Prefiero sentirme libre».

Mientras te das golpecitos debajo de la nariz: «Elijo enviar amor a esta persona».

Mientras te das golpecitos en el mentón: «Ese amor deshará mis bloqueos».

Mientras te das golpecitos en la clavícula: «Y sentiré esa libertad».

Mientras te das golpecitos debajo del brazo: «Elijo amar».

Mientras te das golpecitos en lo alto de la cabeza: «Elijo ser libre del juicio».

Mientras te das golpecitos en la ceja: «Quiero ser feliz y sentirme libre».

Mientras te das golpecitos al lado del ojo: «Quiero perdonar para poder sentirme bien».

Mientras te das golpecitos debajo del ojo: «Ya no quiero juzgar».

Mientras te das golpecitos debajo de la nariz: «Rezo para que esta persona también se sienta bien».

Mientras te das golpecitos en el mentón: «Ese amor deshará mis bloqueos».

Mientras te das golpecitos en la clavícula: «Lo único que quiero es ser feliz».

Mientras te das golpecitos debajo del brazo: «Elijo la felicidad».

Mientras te das golpecitos en lo alto de la cabeza: «Elijo ser libre del juicio».

No dejes de darte los golpecitos mientras repites las declaraciones positivas. Haz todas las rondas que desees hasta que sientas un verdadero alivio.

Cuando hayas acabado, pronuncia tu Asunto Más Apremiante en voz alta: «No puedo dejar de juzgar a esta persona». Ahora evalúa tu AMA de 0 a 10 y compara esa puntuación con la inicial. Si has practicado cada ronda de *tapping* con compromiso, seguramente experimentarás alivio. En algunos casos puedes bajar de 10 a 2 tras un minuto de *tapping*, ¡aunque cualquier alivio es un milagro! Esta herramienta es una de las más poderosas para superar bloqueos en un instante.

Si no has sentido alivio, sigue con el *tapping*. Sigue dándote golpecitos y con el tiempo sentirás un alivio inmenso.

Cuando hayas acabado con las rondas positivas y hayas pronunciado tu AMA en voz alta, vuelve a evaluarte aquí:

_____

Recuerda, si no has sentido alivio de manera inmediata, puedes seguir con el _tapping_ o volver al proceso cuando estés preparado.

Es posible que tu Asunto Más Apremiante no sean tus juicios con respecto a otras personas. Tal vez tu AMA sea que te sientes juzgado (lo cual también podría llevarte a juzgar a otros). En consecuencia, puedes sentir que tus pensamientos están justificados. Pero recuerda que el juicio es un ciclo, de modo que en realidad defenderte de los juicios no es distinto de iniciar el juicio. El siguiente guion de _tapping_ te ayudará a sanar lo que sientes al ser juzgado. Cuando sanas la sensación de ser juzgado, ya no necesitas juzgar a otros para protegerte. Puedes liberarte de ello ahora. Vamos a practicar el _tapping_ con este sentimiento.

APLICACIÓN DEL _TAPPING_ AL SENTIRSE JUZGADO

Comienza diciendo tu AMA: «Me siento juzgado».

A continuación, evalúa tu AMA de 0 a 10 aquí: _____

Ahora di en voz alta tres veces la frase inicial mientras te das golpecitos en el punto del golpe de kárate: «Aunque me siento juzgado, me amo y me acepto por completo».

Punto del golpe de kárate: «Aunque me siento juzgado, me amo y me acepto por completo».

Punto del golpe de kárate: «Aunque me siento juzgado, me amo y me acepto por completo».

Punto del golpe de kárate: «Aunque me siento juzgado, me amo y me acepto por completo».

Continúa con unas pocas rondas negativas:

Ceja: «Me siento muy juzgado».

Al lado del ojo: «Este juicio me enfada mucho».

Debajo del ojo: «¿Cómo se atreven a juzgarme?».

Debajo de la nariz: «Son ellos los que están equivocados, no yo».

Mentón: «Piensan que son mejores que yo».

Clavícula: «¿Qué mosca les ha picado?».

Debajo del brazo: «¿Por qué se creen mejores que yo?».

Parte alta de la cabeza: «¿Quiénes se creen que son?».

Ceja: «¿Cómo se atreven a juzgarme así?».

Al lado del ojo: «Son ellos los que tienen el problema».

Debajo del ojo: «En esto yo soy inocente».

Debajo de la nariz: «No merezco ser juzgado».

Mentón: «¿Cómo se atreven a juzgarme?».

Clavícula: «¿Qué les pasa?».

Debajo del brazo: «Ellos no son mejores que yo».

Parte alta de la cabeza: «Pero su juicio me hace sentir pequeño».

Ceja: «Su juicio me hace sentir inferior».

Al lado del ojo: «Siento que no soy lo suficientemente bueno».

Debajo del ojo: «Me siento fatal conmigo mismo».

Debajo de la nariz: «Y como me siento tan mal conmigo, quiero devolverles el juicio».

Mentón: «Me siento mejor si les devuelvo el juicio».

Clavícula: «Siento que mi juicio está justificado».

Debajo del brazo: «Se lo merecen».

Parte alta de la cabeza: «Porque ellos me juzgaron primero».

Ceja: «Estoy muy enfadado con ellos».

Al lado del ojo: «Me hacen sentir fatal».

Debajo del ojo: «Me hacen sentir vergüenza».

Debajo de la nariz: «Me hacen sentir que me he equivocado, y sé que no es así».

Mentón: «Los juzgo para protegerme».

Clavícula: «Siento que mi juicio está justificado».

Debajo del brazo: «Se lo merecen».

Parte alta de la cabeza: «Porque ellos me juzgaron primero».

Continúa con los golpecitos en las rondas negativas hasta sentir cierto alivio. Entonces puedes pasar a las rondas positivas y empezar de nuevo con los golpecitos.

Ceja: «Ya no quiero sentirme juzgado».

Al lado del ojo: «Me fastidia mucho».

Debajo del ojo: «Quiero sentirme mejor».

Debajo de la nariz: «Cuanto más me enfoco en su juicio, peor me siento».

Mentón: «Cuanto más me obsesiono con su juicio, más quiero juzgar».

Clavícula: «No quiero juzgar».

Debajo del brazo: «Si dejo de juzgarlos, me sentiré mejor».

Parte alta de la cabeza: «La única razón por la que me juzgan es porque se sienten avergonzados».

Ceja: «Las personas felices no juzgan a los demás».

Al lado del ojo: «Si no son felices, en realidad me siento mal por ellos».

Debajo del ojo: «Sé que simplemente quieren sentirse bien».

Debajo de la nariz: «Ellos son como yo».

Mentón: «Quieren sentirse bien».

Clavícula: «Lo único que queremos es sentirnos bien».

Debajo del brazo: «Quiero rezar para que ellos también se sientan bien».

Parte alta de la cabeza: «Están tristes, y lo único que quieren es sentirse bien».

Ceja: «Ellos son como yo».

Al lado del ojo: «Solo quieren ser felices».

Debajo del ojo: «Somos iguales».

Debajo de la nariz: «Puedo verlos como me veo a mí».

Mentón: «Como yo, solo se protegen».

Clavícula: «Solo quieren sentirse mejor».

Debajo del brazo: «Yo quiero sentirme mejor».

Parte alta de la cabeza: «Todos merecemos sentirnos mejor ahora».

Ceja: «Ellos solo quieren sentirse mejor».

Al lado del ojo: «Como yo».

Debajo del ojo: «Somos iguales».

Debajo de la nariz: «Puedo perdonarlos por juzgar porque se sienten fatal».

Mentón: «De no ser así, ¿para qué querrían juzgar?».

Clavícula: «Quiero que se sientan mejor».

Debajo del brazo: «Quiero sentirme mejor».

Parte alta de la cabeza: «Me merezco sentirme mejor ahora».

Toma una respiración profunda y suelta. Ahora repite tu AMA: «Me siento muy juzgado». ¿Dónde estás en una escala de 0 a 10?

Evalúa tu AMA aquí: _____

TAPPING PARA LA VERGÜENZA

Las heridas que viven debajo de los juicios a menudo se apoyan en paralizantes sentimientos de vergüenza. La vergüenza es una emoción muy difícil. Es posible que no la reconozcamos nunca porque nos da demasiado miedo incluso admitir que está ahí. Cuando estas heridas se reabren, vamos directamente al juicio para evitar sentir vergüenza. El ego nos convence de que, si abordáramos la vergüenza, nos desmoronaríamos. Nos dice que no hay manera de afrontar la vergüenza sin destrozar nuestro sentido del yo. De modo que enterramos la vergüenza en las historias de juicio que proyectamos en otras personas.

Tardé años incluso en reconocer mi vergüenza, y el miedo a afrontarla me mantenía atascada en el ciclo de juicio. Mediante la aplicación del *tapping* a mis heridas, fui capaz de descubrir que el sentimiento oculto era la vergüenza. El proceso del *tapping* sacó a la luz mi vergüenza. Durante décadas hui de ella. La evitaba a toda costa. Pero, gracias a la EFT, pude traerla a la superficie para sanarla de una manera que me parecía segura. Al aplicar el *tapping* a la vergüenza, sentí un alivio que me cambió la vida.

Es posible que aplicar el *tapping* a los juicios te haya ayudado a observar tu vergüenza. O tal vez haya generado aún más resistencias. La vergüenza ha movido los hilos de tu vida durante demasiado tiempo. Es hora de que recurras el *tapping* para de verdad poder entender, honrar y sanar la causa raíz de tus juicios.

Vamos a aplicar el *tapping* al Asunto Más Apremiante «Siento vergüenza». Declara tu AMA en voz alta.

Ahora puntúalo de 0 a 10.

La evaluación de tu AMA: _____

Empieza con la declaración inicial. Mientras te das golpecitos en el punto del golpe de kárate, repite tres veces en voz alta la frase siguiente: «Aunque siento vergüenza, me amo y me acepto profunda y completamente».

Mientras te das golpecitos en el punto del golpe de kárate: «Aunque siento vergüenza, me amo y me acepto profunda y completamente».

Mientras te das golpecitos en el punto del golpe de kárate: «Aunque siento vergüenza, me amo y me acepto profunda y completamente».

Mientras te das golpecitos en el punto del golpe de kárate: «Aunque siento vergüenza, me amo y me acepto profunda y completamente».

Continúa dándote golpecitos ligeros en los demás meridianos, uno a uno, mientras pronuncias cada frase en voz alta. Sigue esta secuencia:

Mientras te das golpecitos en la ceja: «Siento vergüenza».

Mientras te das golpecitos al lado del ojo: «Y me aterroriza».

Mientras te das golpecitos debajo del ojo: «De verdad no quiero sentir esta vergüenza».

Mientras te das golpecitos debajo de la nariz: «Haré cualquier cosa para evitarla».

Mientras te das golpecitos en el mentón: «Detesto este proceso».

Mientras te das golpecitos en la clavícula: «No quiero reconocer esta vergüenza».

Mientras te das golpecitos debajo del brazo: «Me da vergüenza incluso examinar esto».

Mientras te das golpecitos en lo alto de la cabeza: «Prefiero juzgar que sentir vergüenza».

Mientras te das golpecitos en la ceja: «Es muy incómoda».

Mientras te das golpecitos al lado del ojo: «Toda esta vergüenza».

Mientras te das golpecitos debajo del ojo: «Quiero salir corriendo para alejarme de ella».

Mientras te das golpecitos debajo de la nariz: «Quiero evitarla».

Mientras te das golpecitos en el mentón: «Es terrorífico admitir mi vergüenza».

Mientras te das golpecitos en la clavícula: «La vergüenza resulta pesada».

Mientras te das golpecitos debajo del brazo: «La vergüenza me entristece».

Mientras te das golpecitos en lo alto de la cabeza: «Prefiero juzgar que sentir vergüenza».

Mientras te das golpecitos en la ceja: «Quiero seguir huyendo de mi vergüenza».

Mientras te das golpecitos al lado del ojo: «Pero sé que no puedo».

Mientras te das golpecitos debajo del ojo: «Siempre vuelve a salir».

Mientras te das golpecitos debajo de la nariz: «No puedo evitarla».

Mientras te das golpecitos en el mentón: «La vergüenza ha estado moviendo los hilos de mi vida».

Mientras te das golpecitos en la clavícula: «La vergüenza me ha hecho salir huyendo».

Mientras te das golpecitos debajo del brazo: «Estoy preparado para dejar de huir».

Mientras te das golpecitos en lo alto de la cabeza: «Estoy preparado para afrontar mi vergüenza».

Continúa dándote golpecitos en las rondas negativas hasta que sientas algún alivio. En ese punto puedes pasar a las rondas positivas y seguir con los golpecitos.

Mientras te das golpecitos en la ceja: «Aunque siento vergüenza, me amo a mí mismo».

Mientras te das golpecitos al lado del ojo: «Honro la vergüenza».

Mientras te das golpecitos debajo del ojo: «Me han pasado muchas cosas y he sentido miedo».

Mientras te das golpecitos debajo de la nariz: «Puedo entender que haya sentido vergüenza».

Mientras te das golpecitos en el mentón: «Siento compasión por mí mismo».

Mientras te das golpecitos en la clavícula: «Honro mi vergüenza».

Mientras te das golpecitos debajo del brazo: «Y estoy dispuesto a dejar de huir de ella».

Mientras te das golpecitos en lo alto de la cabeza: «En realidad me siento bien si la traigo a la superficie».

Mientras te das golpecitos en la ceja: «Sentir la vergüenza me aporta cierto alivio».

Mientras te das golpecitos al lado del ojo: «Ya no siento que tenga que huir de ella».

Mientras te das golpecitos debajo del ojo: «Siento alivio».

Mientras te das golpecitos debajo de la nariz: «Quiero este alivio más que ninguna otra cosa».

Mientras te das golpecitos en el mentón: «Puedo cambiar mi relación con la vergüenza».

Mientras te das golpecitos en la clavícula: «Cuando honro mi vergüenza, ya no quiero huir de ella».

Mientras te das golpecitos debajo del brazo: «¡Vaya! Ya no necesito salir huyendo».

Mientras te das golpecitos en lo alto de la cabeza: «Esto es genial».

Mientras te das golpecitos en la ceja: «Me siento seguro sintiendo vergüenza».

Mientras te das golpecitos al lado del ojo: «Puedo tener una relación nueva con la vergüenza».

Mientras te das golpecitos debajo del ojo: «Puedo sentirla y sanarla».

Mientras te das golpecitos debajo de la nariz: «Puedo dejar de huir».

Mientras te das golpecitos en el mentón: «Puedo dejar de juzgar».

Mientras te das golpecitos en la clavícula: «Puedo honrar mi vergüenza».

Mientras te das golpecitos debajo del brazo: «Puedo sentir vergüenza y amarme igualmente».

Mientras te das golpecitos en lo alto de la cabeza: «Puedo amarme de verdad pase lo que pase».

Toma una respiración profunda y suelta. Ahora vuelve a evaluar tu Asunto Más Apremiante «Siento vergüenza». En una escala de 0 a 10, ¿dónde te encuentras?

Evalúa tu AMA ahora: _____

Imagino que sientes un gran alivio. Lo maravilloso del *tapping* es que, cuanto más lo practicas, mejor te encuentras. Si has bajado de 10 a 0 al aplicar el *tapping* a algún asunto, ya no necesitas volver a hacerlo. Es posible que se te presenten nuevos aspectos del mismo tema, y entonces puedes volver a recurrir el *tapping*. Pero también puede ocurrir que la evaluación del asunto baje hasta 0 y no vuelva a visitarte más.

Recuerda que este es un proceso de sanar las alteraciones de la energía. No tienes que desenterrar todos los recuerdos difíciles de tu pasado. Basta con que estés dispuesto a hablar sobre el juicio y te des golpecitos en los puntos de los meridianos. Sigue estos pasos y confía en el proceso.

Para potenciar la experiencia de la EFT, te sugiero que practiques el *tapping* al menos una vez al día durante treinta días. Puedes elaborar tu lista de juicios en el paso 1 y aplicar el *tapping* a un nuevo juicio cada día a lo largo de un mes. Si surgen nuevos juicios, basta con añadirlos a la lista. No importa lo grande o pequeño que sea un asunto, simplemente aplícale el *tapping*. No te preocupes por el tipo de asunto de que se trate. En cuanto observes un juicio, practica el paso 1 para darte cuenta de los sentimientos inconscientes subyacentes. A continuación, practica el paso 2: aplícale el *tapping*. Día tras día, sigue trabajando cada juicio. Tal vez sientas la necesidad de practicar con un juicio durante varios días seguidos, pero cabe esperar que, una vez que lo trabajes, quede resuelto. Empieza usando los guiones de este capítulo y con el tiempo acabarás guiándote a ti mismo con tus propias palabras. Sigue siempre la secuencia de puntos de los meridianos que te he mostrado: el orden en el que das golpecitos a cada punto es siempre el mismo. Acuérdate también de hacer varias rondas negativas, y a continuación, cuando estés preparado, pasa a las positivas. Cuanto más practiques la EFT, más intuitivo te volverás. No te preocupes si al principio te parece un poco raro. Confía en el proceso y espera milagros.

A lo largo de los próximos treinta días es probable que des los pasos siguientes de esta desintoxicación. Continúa con el *tapping* y añade los pasos adicionales a medida que se te presenten. El proceso de desintoxicación del juicio tiene un efecto acumulativo. Paso a paso te vas acercando a la libertad.

Tal vez descubras que la EFT te aporta un gran alivio y quieras aplicarla a otros asuntos además de los juicios. ¡Por favor, hazlo! El *tapping* es fantástico para sanar los traumas emocionales, el dolor físico y los resentimientos. En este libro lo aplicamos a los juicios. Pero, si quieres redirigirla a otros problemas emocionales, la EFT sigue teniendo el efecto positivo de reducir el juicio. El dolor físico, el trauma emocional y muchos otros asuntos tienden a activar el deseo de juzgar para de esa manera evitar el dolor. Por lo tanto, sanar cualquier dolor mediante el proceso del *tapping* te beneficiará enormemente mientras continúas con la desintoxicación del juicio. Al margen de cuál sea el problema subyacente, la libertad que ofrece el *tapping* favorecerá tu desintoxicación del juicio.

Reflexiona durante un momento sobre el paso tan valiente que has dado. Estar dispuesto a observar tus juicios y a honrar las heridas es la parte más dura de esta práctica. Al reconocer y sanar la alteración energética oculta bajo la herida, forjas un camino para sanar la causa raíz del juicio.

Espero que, a lo largo de este viaje de sanación, aprendas a confiar en tu intuición. Si esta te indica que necesitas aplicar el *tapping* a algo, ¡hazlo! Confía en que cualquier cosa que surja en ti está guiada por lo divino. Tu yo superior opera a través de ti para apoyarte en tu camino de sanación. Dentro de cada uno de nosotros reside una voz de sabiduría, infinita y amorosa, la voz de nuestra guía interna. Tu sistema de guía interna te ha llevado a elegir este libro y a leerlo hasta este punto. Comienza a confiar en la presencia de esta sabiduría interna y no dudes de seguir su dirección. Cuanto más te rindas a la buena dirección ordenada de tu guía interna, más apoyo sentirás en tu camino de sanación. Yo he llegado a confiar en esa voz.

Si no estás familiarizado con la dirección de la guía interna, limítate a seguir los pasos que se proponen en este libro y presta atención a las ideas intuitivas que surjan. Tu intuición puede decirte que es el momento de aplicar el *tapping* a algún otro asunto, o que tienes que añadir un nuevo juicio a la lista. Incluso es posible que tu intuición te guíe a ralentizar el proceso si te parece que tienes mucho material para digerirlo de una vez. Confía en tus sensaciones viscerales a lo largo de este camino y potenciarás tu capacidad de mejorar emocional y espiritualmente.

Todos somos niños heridos e inocentes que hemos afrontado muchas dificultades en la vida. Esto es cierto cualquiera que sea tu estatus social o tu procedencia. Nadie pasa por la vida sin algún tipo de herida. De hecho, las heridas nos ayudan a hacernos interesantes, creativos y únicos. Pero esas mismas heridas también nos vuelven neuróticos, nos ponen a la defensiva y nos hacen juzgar. Cuando tenemos el valor de afrontar las heridas, comienza la verdadera sanación. El poeta sufí Rumi dijo: «La herida es el lugar por el que la luz entra en ti». Sigue la guía de este paso y deja que entre la luz. Incluso un poco de luz es suficiente.

En el paso 3 vas a empezar a fortalecer la relación con tu guía interna. Esta parte del proceso es muy espiritual y te enseñará a dejar tus pensamientos, energía e intenciones al cuidado de tu sistema de guía interna. Mientras lo haces, te ayudaré a establecer tu propia relación espiritual. Te ofreceré guía y prácticas para entregar tus juicios a la presencia de un amor que está más allá de tu mente lógica. Aunque este tipo de lenguaje y de práctica sea nuevo para ti, estoy segura de que sentirás un gran alivio. Honestamente, no importa si eres nuevo en la espiritualidad o si has practicado durante décadas: estás preparado para este paso. Mantente abierto al proceso y se producirán resultados milagrosos. Conserva tu mejor disposición.

En el paso 3 puedes sentir un gran alivio. Permanece abierto, receptivo y dispuesto a soltar los juicios. Hasta ahora has hecho un trabajo asombroso. Tómate un momento para celebrar los milagros y date cuenta de la distancia que has recorrido. Para renunciar a los juicios, hace falta valentía, buena disposición y un profundo deseo de conseguirlo. ¡Siéntete orgulloso de ti mismo! Confía en cada paso que tienes por delante con la certeza de que eres guiado. Este camino está perfectamente diseñado para ofrecer alivio y felicidad duraderos.

Pon el amor en el altar

A lo largo de la última década he adquirido un mal hábito. Como soy dueña de un negocio que tiene que gestionar muchas piezas en movimiento, tengo que tomar decisiones importantes y a menudo no tengo mucho tiempo para hacerlo. Como resultado, he desarrollado el hábito de dudar de mis elecciones. Esta desagradable costumbre tiene profundas consecuencias. Cuando dudo de mis decisiones, entro en una espiral de juicio y ataque. Juzgo a mis socios, juzgo a mi equipo, juzgo las decisiones que he tomado y, por supuesto, me juzgo a mí misma. Me juzgo por actuar demasiado deprisa. Me juzgo por no pensar adecuadamente un asunto o por confiar en la opinión de otros. Para empeorar las cosas, no suelto los juicios. He pasado semanas, meses e incluso años obsesionada con resultados que no podía controlar.

Hace poco tiempo tuve que tomar una decisión empresarial muy importante de la que acabé dudando, y entré en una espiral de juicio muy negativa. Tenía que firmar un contrato que me comprometía a dedicar una cantidad de tiempo y una carga de trabajo considerables. Lo acepté apresuradamente, a pesar de que ya tenía bastante trabajo. En cualquier caso, en un par de días empecé a dudar de mi decisión y entré en un ciclo de juicio que duró varios meses. Me obsesioné con ello en terapia, me quejaba de ello a mi marido y lo comentaba incesantemente con mis amigas, a las que no les importaba en absoluto. Balbuceé, juzgué y diseccioné. Todo esto resultaba agotador y frustrante, pero no podía parar. Debajo de la obsesión había un profundo resentimiento hacia mí misma que no sabía gestionar. Este ciclo de juicio se estaba llevando lo mejor de mí.

Incluso en medio de este drama interno pude ver que estaba proyectando mi culpa en los demás. Trabajé duro para justificar mis juicios, aunque, en el fondo, sabía que tenía que soltarlos. Pude ver que, en realidad, mi tendencia a culpar a otros y mis resentimientos eran una proyección de cómo me sentía con respecto a mí misma. Supe que tenía que practicar la aceptación, pasar a otra cosa y enfocarme en los aspectos más positivos de mi vida. Apliqué los pasos 1 y 2, pero no fue suficiente para salir de la llave de judo con la que el ego me inmovilizaba. Necesitaba una intervención espiritual.

En el fondo sabía que la única solución a este problema vendría de la rendición espiritual. De modo que pedí a mi sistema de guía interna que reorganizara esta historia para mí. Empecé a rezar. Recé cada día pidiendo señales espirituales y dirección sobre cómo soltar el drama. Me rendí y confié en que mis plegarias fueran escuchadas. Conservé la paciencia mientras esperaba el milagro.

Una vez que me rendí a través de la oración, el autojuicio constante y la obsesión empezaron a disiparse. Me sentí aliviada y noté que lentamente soltaba la necesidad de controlar. Pero una noche no podía dormir. Daba vueltas en la cama, inquieta e incómoda, preocupada por cada pequeño asunto que estaba fuera de mi control. Y entonces, mecánicamente, la historia volvió de golpe a mi mente. Fue como una explosión: durante casi una hora estuve en la cama revisando meticulosamente todas las maneras en que las cosas podrían haber sido diferentes si me hubiera concedido más tiempo para tomar la decisión. Repasé la lista de toda la gente con la que estaba resentida por este resultado e incluso me ataqué por quedarme bloqueada en el problema. Mis juicios con respecto a mí misma volvieron a rugir con más fuerza que nunca.

Miré al reloj y me di cuenta de que en cuatro horas tendría que levantarme. Recé una oración: «Guía interna, por favor, ayúdame a soltar este juicio y a retornar a la paz». En un instante me sentí bañada por una presencia que me aliviaba. Y a continuación —y esto fue extraño— mi intuición me indicó: «Pon la televisión». Detesto ver la televisión en la cama, pero escuché la guía y tomé el mando a distancia. En la televisión estaba el telepredicador evangelista Joel Osteen. Durante años había sido fan del trabajo de Joel desde la distancia, pero nunca le había visto predicar. Estaba en el escenario frente a miles de personas, y el sermón se retransmitía a varios millones más. Las primeras palabras que salieron de su boca fueron: «¿Te obsesionas alguna vez con algo que está más allá de tu control?». Prácticamente grité al televisor: «¡Sí, Joel, lo hago!». Explicó que, cuando hacemos esto, nos juzgamos inevitablemente por obsesionarnos con pequeñeces, lo que genera un ciclo negativo.

Joel dijo que dedicamos muchísimo tiempo a poner sobre el altar lo que *no* queremos. Cuando el juicio está sobre el altar, nos quedamos atascados en el caos de lo que no queremos y solo generamos más de eso. Cuando tratamos de controlar resultados, explicó Joel, y enfocamos la atención en lo que no funciona, nuestra fe se debilita. En lugar de eso, lo que debemos hacer es confiar por completo en un poder superior para ser libres. Debemos poner el amor sobre el altar.

Me senté en la cama, aferrada a cada una de sus palabras. Supe que mi oración había sido escuchada. Había rezado para abandonar el juicio, de modo que mi poder superior me llevó a encender el televisor y escuchar el mensaje exacto que necesitaba recibir. Ya era hora de abandonar el juicio de una vez por todas y de volver a poner el amor sobre el altar. Esa misma noche establecí el compromiso de soltar este problema y dejarlo en manos del universo. Confié en que ofrecerlo y enfocar mi atención en el amor y la gratitud me llevaría a sentirme mejor.

También me dejé un poco más de espacio para tomar decisiones con tranquilidad y acabar el ciclo del juicio definitivamente.

Como he estado en el camino espiritual la mayor parte de mi existencia, sé que dejar mi vida en manos de un poder superior es mucho más significativo que tratar de controlar cada detalle. Pero, a pesar de toda mi fe, mis prácticas y mi conexión con el espíritu, a menudo me olvido. Esa noche, el espíritu me recordó lo que era real en cuanto escuché la guía y encendí el televisor.

Todos tenemos un poder superior que trabaja en nuestro nombre para devolver nuestros pensamientos al amor. En cualquier momento podemos volver a poner el amor en el altar y dejar que brille en medio de cualquier situación o agravio. El amor puede disolver hasta el juicio más profundamente enraizado.

El amor es el antídoto del juicio.

He llegado a creer que todos los problemas se deben llevar ante el espíritu para sanarlos. Sin una intervención espiritual, nos quedamos atascados en el ciclo del juicio. De modo que debemos invocar la relación espiritual, tal como la entendamos, para reemplazar por amor los pensamientos de juicio basados en el temor. Pidamos dejar que entre el amor. Cuando entregamos los problemas a un poder mayor que nosotros, se despliega el orden divino.

No importa si crees en Dios, en el espíritu o en la energía del universo. Lo único que importa es que estés dispuesto a soltar y a ser libre. Tu deseo de liberarte del juicio es suficiente para establecer una conexión espiritual. A lo largo de este paso, voy a pedirte que suspendas el escepticismo y entregues tus juicios a un poder mayor que tú. Si esto es nuevo para ti, ve preparándote. Cuando recibes guía espiritual, se ponen a tu disposición una gracia y una libertad ilimitadas.

La guía espiritual que recibí me llegó a través de la voz de la sabiduría interna. Esa voz me indicó que encendiera el televisor y me permitió captar de Joel Osteen exactamente el mensaje que necesitaba oír. Cuando pronunciamos una oración, permitimos que la conciencia reciba guía intuitiva. Esta guía está disponible para todos siempre que la pidamos y siempre que nos ralenticemos lo suficiente para poder oírla.

Este paso puede parecerle complejo a tu mente lógica. Es natural que una parte de ti quiera aferrarse y controlar. Incluso si ya practicas la oración, es posible que la uses como otra manera de intentar controlar las situaciones, en lugar de rendirte a ellas. (Seguiremos con esto más adelante.)

Todos estamos familiarizados con el deseo de controlar. En parte juzgamos para mantener la sensación de control y seguridad. Paradójicamente, lo único que se consigue con esto es que el juicio siga al mando. Para liberarnos de las ataduras del juicio, debemos aprender a confiar en una voz que está más allá de la nuestra. Todos tenemos sabiduría interna, una voz de amor y sanación que nos implora que le pidamos ayuda. En el momento en que pedimos ayuda a través de la oración, abrimos una puerta invisible para recibir guía. Esa guía se muestra cuando rezamos porque sintonizamos la conciencia con ella. Cuando estamos conscientemente dispuestos a recibir guía, esta llega de distintas formas. Puede llegarnos a través de una canción, de un libro, de un amigo, de un claro saber intuitivo o de un líder religioso. Hay infinitas formas de recibir dirección, y no importa cómo llegues allí. Lo importante es estar dispuesto a pedir ayuda.

Si nunca has rezado antes o llevas mucho tiempo sin hacerlo, has de tener en cuenta que el deseo de abandonar el juicio es, en sí mismo, una oración. De modo que puedes estar seguro de que ya sabes rezar. Cuando rezas para soltar el juicio, pides la presencia de un intermediario divino, una guía espiritual cuyo único trabajo es sanar tus pensamientos de juicio y construir un puente que te conduzca de vuelta al amor. Tu guía interna es un maestro amoroso que sabe exactamente cómo comunicarse contigo para que su mensaje resuene. Este maestro es creativo, sabio y muy paciente. Incluso si la primera vez ignoras la guía, se te presentarán otras oportunidades.

Esta sabiduría interna recibe muchos nombres: Espíritu Santo, Dios, universo, espíritu, guía interna. A lo largo del libro usaré estos términos de manera indistinta. Tu sabiduría interna puede devolver tus pensamientos al amor de incontables maneras, y tú recibirás la guía de una forma única que sea relevante para ti. Tal vez descubras que tiendes a recibir guía de un modo particular, o tal vez la manera de recibirla cambie en función de la situación, y aquello que el universo sabe llame tu atención.

Cuando pides guía, la recibes con rapidez. Después de rezar pidiendo ayuda, tu trabajo consiste en prestar atención a las instrucciones que recibas. Cuando estas te lleguen, síguelas. Pero continúa ejercitando el libre albedrío y lleva a cabo un buen proceso de toma de decisiones. Puedes recibir guía y elegir darle la espalda o ignorarla. Tal vez en ese momento todavía sientas que tu juicio está justificado, o quizá la idea de soltar te haga sentir inseguro. Eso está bien, simplemente sigue rezando. Con el tiempo hallarás alivio. Mientras permanezcas en un estado de rendición a través de la oración, aprenderás a incorporar la guía amorosa que recibas.

Es posible que ahora mismo no tengas ni idea de cómo prestar atención a la guía amorosa. También es posible que la idea de recibirla te haga alucinar, o tal vez te produzca escepticismo. El juicio es tu resistencia al amor. El mundo que ves es una proyección externa de un estado interno, y cambiar la proyección es *un trabajo que se hace desde dentro*. Esto significa que, si deseas ver el mundo externo de otra manera, tienes que cambiar tus pensamientos a través de la oración. En los pasos 1 y 2 has examinado tus creencias basadas en el miedo y te has dado cuenta de que no eran lo que querías experimentar. Has sido testigo de la parte de tu mente que toma las decisiones y elige el temor y el juicio. Cuando te descubras juzgando, reconoce que el juicio no es lo que tú crees: solo es una forma de intentar evitar sentir dolor, reconocer los traumas del pasado y exponer las heridas. Cuando estás dispuesto a cuestionar tus juicios, a pedir ayuda al espíritu y entregárselos, empiezas a ajustar tu estado interno. Al reconocer que tienes una mente errónea que ha elegido el juicio y una mente recta que busca la verdad, emprendes el camino de curación a través de la oración. En lugar de luchar esforzadamente contra el juicio, puedes entregarlo y aceptar tu potencial de sanación interna. Acepta que necesitas ayuda para realizar este cambio y pídela por medio de la oración.

Siempre resulta útil recordar que todos tenemos la misma naturaleza tendente al juicio y el mismo deseo de ser libres. Cuando reconocemos que los juicios son una respuesta a los miedos, podemos elegir la paz en su lugar. Podemos entregar el juicio a un poder superior y restarle potencia porque, al orar, invitamos al amor a entrar en la mente para reorganizar nuestras creencias.

Aprendamos a confiar en la voz de la guía interna, cuya presencia espiritual actuará como intermediaria para llevar nuestros pensamientos de juicio de vuelta al amor.

He delineado algunas prácticas claras para ayudarte a establecer una relación leal con tu guía interna. Empléalas para iniciar el diálogo de pedir y recibir. Sigue el camino que te sugiero y presta atención a la guía que recibas.

IDENTIFICA UN JUICIO ESPECÍFICO QUE DESEES SOLTAR

Tómate un momento para elegir un juicio que esté presente en ti. Tal vez no hayas podido aplicarle la EFT, o tal vez no hayas estado dispuesto a trabajarlo hasta ahora. Este es el juicio que quieres entregar a tu guía interna a través de la oración. En un taller de desintoxicación del juicio que dirigí en 2016, una joven tomó el micrófono y dijo: «Gabby, me encantan estos métodos y estoy dispuesta a soltar mis juicios con respecto a prácticamente todo el mundo. Pero hay una persona a quien no deseo liberar, el hombre que me violó cuando estaba en el instituto».

Al abrirse y contar que no estaba dispuesta a perdonarle porque su juicio la hacía sentir segura, se echó a llorar. Sentí una profunda empatía con su temor a soltar el juicio. Cuando alguien te ha herido, o ha herido mucho a alguien cercano, soltar el juicio parece imposible. Pero, como le expliqué a esta joven que compartió su historia con valor, no soltar el juicio le hacía daño. Mientras llevara el agravio consigo, reviviría el trauma cada día. Aunque yo no podía ofrecerle un plan lógico para soltar ese juicio concreto, sabía con todo mi corazón que su deseo de ser libre y su voluntad de rendirse a través de la oración eran suficientes. Ambas cosas juntas eran lo único que necesitaba para emprender un camino hacia la verdadera libertad y el alivio. El hecho de que lo hubiera expresado en público me indicaba que ya estaba en el camino.

En cuanto a la mente lógica, dejar de juzgar a alguien que te ha hecho un daño serio, o que se lo ha hecho a alguien que amas, puede parecer casi una traición. Considerar la posibilidad de soltar el juicio resulta doloroso porque este contribuye a hacerte sentir seguro. Pero esa sensación de seguridad es una ilusión. Tienes que juzgar continuamente a la persona que te ha herido, tienes que dirigir la energía hacia ella todo el tiempo. Esta no es una buena manera de vivir. Aunque no sepas cómo soltar el juicio, confía en que *puedes* hacerlo. Aquí entra en escena la oración. La presencia de un poder superior puede hacer por ti lo que tú no puedes hacer por ti mismo. Puedes entregar tu incomodidad a una presencia que está más allá de ti y confiar en que ella se encargará.

Nuestra verdadera naturaleza es amor, pero lo olvidamos. Aprendemos a darle la espalda al amor y confiamos en que el juicio nos mantendrá a salvo de todas las personas y experiencias que nos dan miedo. Pero, en el fondo, *somos amor*. El papel de la guía interna es dirigirnos hacia los sentimientos, pensamientos y situaciones que hacen surgir en nosotros el recuerdo del amor, porque, cuando lo recordamos, queremos más. El amor emite un campo invisible de energía positiva que nos atrae hacia él. Cuando reconocemos que nos hemos desconectado del amor, pedimos ayuda a la guía interna y volvemos a ser capaces de sentir ese tirón en lugar de resistirnos a él.

Las prácticas de este paso te ayudarán a recordar tu naturaleza amorosa. Al recordarla, querrás más de ella, y para acceder a ese amor, serás llamado a renunciar al juicio. Verás con claridad que el juicio bloquea el amor, y desearás despejar todo lo que te impide vivir en tu verdad. Estas prácticas te ayudarán a invitar la presencia de tu guía interna a tu subconsciente para que se despliegue una intervención espiritual.

Empezaremos por entregar un juicio que no has estado dispuesto a abordar.

Anota el juicio aquí:

_____

Oración para soltar el juicio

Es el momento de retirar el juicio del altar y reemplazarlo por el amor. Este profundo acto de dejar tus miedos y juicios al cuidado de tu guía interna cambiará tu manera de vivir. Cuando aceptas que puedes trascender la negatividad en el momento en que así lo elijas, conoces una nueva forma de libertad y felicidad. Emprendes un diálogo con un sistema de apoyo que no es físico y que siempre está a tu disposición. Pero no puedes acceder a esta guía sin invitarla. Cuando rezas, invitas al amor a estar presente en tu conciencia. Para ayudarte a establecer una práctica propia, te ofrezco algunas de mis oraciones favoritas. Tal vez descubras que una de ellas resuena contigo.

Al rezar, envías una invitación al espíritu para que te ayude a devolver tus pensamientos de juicio al amor. El espíritu es la voz de nuestro ser, de la mente recta; acudimos a él cuando nos vemos atrapados en el temor y en el juicio. Rezamos al espíritu con el fin de pedir ayuda para deshacer la decisión de juzgar que hemos tomado en la mente. A medida que tomamos conciencia de los pensamientos de juicio, debemos retornar a la mente tomadora de decisiones y realizar una nueva elección a través de la oración.

No tenemos que pedir ayuda con respecto a problemas específicos. Como mencioné antes, no deberías hacerlo. Por ejemplo, no preguntes al espíritu si debes aceptar cierto trabajo, o dejar cierta relación, o qué coche comprar. Esa es una forma errónea de entender la petición de ayuda al espíritu. Cuando pedimos una ayuda específica (qué chico/a, qué coche, y así sucesivamente), asumimos con arrogancia que sabemos cuál es el problema y le pedimos al espíritu la respuesta que queremos. No obstante, casi siempre nos falta descubrir la causa raíz del problema. Pedir al espíritu que responda una pregunta específica, y en último término incorrecta, no es de ayuda. Por lo tanto, en lugar de rezar para pedir cierto resultado, debemos pedir al espíritu que devuelva nuestros pensamientos al amor. El secreto de la oración es olvidarnos de lo que creemos necesitar y rendirnos a la guía espiritual.

Si eres nuevo en la oración, no juzgues esta práctica. Recuerda que este libro te pide salir de tu zona de confort. Si quieres renunciar a un hábito destructivo que arrastras hace años, tienes que estar dispuesto a probar algo nuevo. De modo que no te preocupes por esta práctica de oración, simplemente hazla. Las palabras no importan. Y tampoco importa si rezas a Dios, al universo o a tu guía interna. La intención de transformar el miedo en amor es lo que crea el milagro. Para ayudarte a empezar la práctica, he grabado una oración que puedes escuchar. Visita GabbyBernstein.com/bookresources para escuchar mi grabación de audio [en inglés].

Una oración para rendirse

Abandonar el juicio requiere rendirse espiritualmente. Sin un deseo sincero de soltar, te costará entregar tu juicio e invitar a entrar al espíritu. La guía espiritual está disponible para ti en todo momento. Solo tienes que entregar el juicio para recibirla. Esta oración te ayudará a hacer exactamente eso. Es una manera simple y poderosa de iniciar la práctica de comunicarte con tu guía interna.

> *Querida guía interna, necesito ayuda con mis juicios hacia _____ . Ahora estoy dispuesto a entregarte esto. Doy la bienvenida a la presencia del amor para que me guíe de vuelta a la verdad y a la gracia. Estoy preparado para soltar este juicio y ver a través de los ojos del amor.*

Esta oración es perfecta si te sientes atascado y te resistes a soltar el juicio. Usa la oración de rendición para entrar en un nuevo estado energético que sustente tu deseo de ser libre de los pensamientos de ataque. Es una práctica para dejar ir y permitir.

Una oración para la aceptación

En los doce pasos de Alcohólicos Anónimos se dice que conservar un resentimiento es como tomar un bate y golpearte con él en la cabeza. Entiende esto y piensa en cómo te sientes cuando juzgas. Tal vez te sientas bien y justificado durante unos minutos, pero esa satisfacción autocomplaciente se agota pronto. De hecho, el juicio reduce tu energía, obstaculiza tu recuperación y te mantiene atrapado en una vibración baja. Esta oración te ayudará a aceptar que el juicio ya no te sirve.

La oración de aceptación me ha ayudado a mirar a través de la lente del amor cuando el miedo me inmovilizaba; recurro a ella cuando noto que el juicio se está llevando lo mejor de mí. Confío en que siempre me recordará que no estoy juzgando lo que creo juzgar. Mediante la energía de la aceptación, suelto los agravios y acepto una solución para el mayor bien de todos. Disfruta de esta oración de aceptación del *Gran libro de Alcohólicos Anónimos:*

> *La aceptación es la respuesta a todos mis problemas hoy. Cuando estoy alterado, se debe a que encuentro que alguna persona, lugar, cosa o situación —algún hecho de mi vida— me resulta inaceptable, y no puedo hallar serenidad hasta que acepte que esa persona, lugar, cosa o situación es exactamente como tiene que ser en este momento.*

Esta oración contiene una energía poderosa. Incluso si la aceptación parece estar fuera de alcance, pronunciar estas palabras nos lleva a cambiar de actitud. Recítala regularmente y presta atención a los cambios internos que se produzcan.

Una oración para volver a elegir

La lección 243 de *Un curso de milagros* ofrece esta afirmación: «Hoy no juzgaré nada de lo que ocurra». Empleo este mensaje del *Curso* como una oración diaria para que me ayude a elegir soltar el juicio. Es una manera poderosa de empezar del día: el juicio es una elección, y cuando alineas tu mente con la decisión de soltarlo, eres guiado a hacerlo. Emplea esta oración por la mañana al despertar. En el momento de abrir los ojos, recita: «Hoy no juzgaré nada de lo que ocurra». Presta mucha atención a cómo fluye el resto de tu día. Tal vez te pilles más rápidamente en un pensamiento de juicio, o tal vez te abstengas de expresar un juicio y elijas hablar de otro tema.

Hoy no juzgaré nada de lo que ocurra.

Estas siete palabras son profundas. Cuando pronuncias esta oración, eliges conscientemente realinear tus pensamientos con el amor y dejas que te dirija la voz interna. Cuanto más optes por esta elección, menos juzgarás. Con el tiempo, esta oración se convertirá en tu segunda naturaleza; será una solución fácil para todos tus juicios. Me encanta esta práctica porque me permite estar comprometida.

Si esta oración resuena contigo, prepara la alarma del móvil para que te la recuerde a lo largo del día y confía en que, cuando suene, el espíritu intervendrá para devolver tus pensamientos al amor.

Una oración para perdonar los pensamientos

La oración final es para perdonar el pensamiento. Cuando tenemos un pensamiento de juicio, podemos borrarlo a través del perdón. Lo que ahora practico es observar mis pensamientos de juicio y perdonarlos rápidamente. Me digo en silencio:

Perdono este pensamiento y vuelvo a elegir.

Esta oración me ofrece un alivio inmediato. En un instante, abandono el ciclo del juicio mediante el poder de mi intención. Cuando aplico la intención de perdonar el pensamiento, me perdono a mí misma por elegir equivocadamente y me realineo con mi mente recta. En cualquier momento puedo encontrar perdón a través de mi práctica. Al elegir perdonar tu pensamiento, te realineas con el amor y se te concede el perdón.

El perdón es una práctica porque es continuo. Encuentro que tengo que perdonar mis pensamientos a lo largo de todo el día. La voz juzgadora del ego siempre está en primer plano de la mente, de modo que tenemos que apoyarnos en el perdón para reprogramar los pensamientos y devolverlos al amor.

A lo largo del día, presta mucha atención a tus juicios y usa la práctica de perdonar un pensamiento para poder volver al estado de gracia. Puedes hacerlo en silencio en cualquier parte y momento. Solo tienes que elegirlo.

CÓMO EMPLEAR LAS ORACIONES

He elegido estas cuatro oraciones específicamente para ayudarte a soltar el juicio e invitar a que se manifieste la inteligencia espiritual. Elige al menos una de ellas y empieza a practicarla con regularidad. Cuanto más en contacto estés con un poder superior, más apoyo y guía recibirás. Has de saber no hay una manera correcta o equivocada de rezar: la oración puede pronunciarse en voz alta o con pensamientos e intenciones. Me resulta muy poderoso poner el bolígrafo sobre el papel y escribir oraciones en mi diario. Cuando las escribo, siento que suelto el sufrimiento interno y que invito a una fuerza invisible a sanarme. En este paso de tu diario de la desintoxicación del juicio hay un lugar especial para que anotes tus oraciones. Si te sientes bien al apuntarlas, conviértelo en parte de tu práctica espiritual diaria. Comienza a reemplazar tus juicios por oraciones y deja que tu guía interna te dirija.

Tengo la esperanza de que la oración se convierta en una práctica diaria para ti. Cuando rezas, sintonizas con la energía del amor, tu verdadera esencia, tu fuente. Cuanto más te rindas a esa fuente, más energía sentirás. La energía del amor te impulsará hacia delante y atraerá lo que deseas. En el camino de deshacer el juicio, necesitarás la guía de la energía del amor. Cada nueva oración despeja tu camino, y cuando rezas para pedir ayuda, siempre recibes guía.

PRESTA ATENCIÓN A LA GUÍA QUE RECIBES

La parte siguiente del paso 3 consiste en prestar atención a la guía que recibes. Si bien todo el mundo tiene la capacidad de interactuar con la guía espiritual, cada uno se conecta de una manera única. Cuando reces, recibirás guía de formas que resonarán contigo y reflejarán tu sistema de creencias. Podrás interpretar la guía espiritual de cualquier modo que te resulte natural. Por ejemplo, yo me considero claricognisciente, lo que significa que, cuando rezo, a menudo tengo la sensación de conocer algo directamente, de manera visceral. Un pensamiento puede entrar por azar en mi mente, y aunque no sé por qué se ha presentado, confío en él de todos modos. Cuando siento esta sensación de confianza, sé que viene de una fuente divina, no física. De modo que, al pronunciar una oración, espero que la guía recibida llegue como una sensación de conocimiento. A menudo la describo como una voz interna llena de autoridad que me dirige. Se trata de una intensa sensación que no puedo negar, como cuando oí mi voz interna dirigirme a encender el televisor y escuchar el sermón de Joel Osteen.

La guía espiritual se manifiesta de maneras creativas. A lo largo de los años he conocido incontables personas que me han dicho que dieron con mi trabajo porque mi libro cayó literalmente de la estantería delante de ellas. Todas estas personas describen una historia similar: mientras rezaban consciente o inconscientemente para pedir un cambio, se sintieron guiadas a la sección de autoayuda de la librería. Entonces uno de mis libros cayó de la estantería a sus pies. Yo siempre respondo: «¡Lo lees cuando lo necesitas!». El espíritu trabaja de formas creativas, de modo que es relativamente común ser guiado a un libro, a un maestro, a un vídeo de YouTube, a un documental o a una clase con el fin de reforzar tu desarrollo espiritual.

La mayor parte de la guía que recibirás estará diseñada para ayudarte a aprender, crecer y sanar a largo plazo. Aunque a veces la guía puede resolver un conflicto instantáneamente, casi siempre serás guiado a una persona, situación o lección que te ayudará a sanar la causa raíz del problema. Recuerda: el verdadero alivio del juicio y la separación se produce cuando sanamos las oscuras creencias subyacentes. Por eso, a menudo se nos guía exactamente a aquello que necesitamos para sanar el estado espiritual.

Todos queremos un remedio rápido y un alivio instantáneo, pero la sabiduría interna sabe que lo que realmente queremos es volver al amor. La única manera de restaurar de verdad la fe en el amor es estar dispuestos a sanar. Debemos decir sí a la guía que recibimos y seguir su dirección para estar presentes cuando surjan las heridas. Por ejemplo, tal vez juzgues a tus padres por no haber cuidado de ti cuando eras niño. Si te abres y rezas para pedir guía, al día siguiente puedes leer en una revista una entrevista a un terapeuta especializado en negligencia en el cuidado infantil. A continuación miras su página en internet y te das cuenta de que su consulta está muy cerca de donde vives. Una semana más tarde haces una sesión y te sientes seguro al explorar las heridas de tu infancia porque se te guio a un profesional capaz de ayudarte. Esta es una de las maneras de funcionar de la guía espiritual. Aceptas que has elegido el miedo en lugar del amor. Rezas pidiendo ayuda. Recibes la guía que te ayuda a cambiar tu manera de pensar y después sigues la guía recibida para volver al amor.

Una historia maravillosa que ilustra este proceso es la de mi amiga Katie. En 2010 Katie perdió su segundo trabajo en dos años, y la recesión la dejó agotada y frustrada. Se sentía totalmente derrotada y avergonzada de volver a estar sin trabajo. En aquel tiempo no era una persona muy espiritual. Pero, en medio de tanto temor e incertidumbre, decidió rezar, aunque ni siquiera estaba muy segura de a quién o a qué. Pidió ver la situación de otra manera, y se rindió a lo que surgiera. Al momento se sintió más ligera y recibió un mensaje claro en forma de conocimiento intuitivo: la carrera profesional de sus sueños *estaba* a su disposición si ella era capaz de ser paciente y creativa. De inmediato dejó de buscar trabajos que no la motivaban y se enfocó en estar abierta a los que sí le gustaban. A las pocas semanas una amiga muy querida la puso en contacto… ¡conmigo! Yo buscaba una nueva correctora que pudiera hacer algún trabajo por libre, y una amiga común me recomendó a Katie. En aquel momento Katie pensaba que necesitaba un trabajo a tiempo completo, pero escuchó la guía recibida y aceptó esta oferta inesperada. Ahora es una exitosa escritora y correctora autónoma (¡que reza regularmente!). ¡Incluso me ha ayudado a corregir este libro!

Este es un ejemplo de cómo funciona la guía espiritual. Aceptas que has elegido el miedo en lugar del amor. Rezas para pedir ayuda. Recibes la guía que te ayuda a cambiar de mentalidad y luego aplicas la guía recibida para retornar al amor.

Cuando comiences a practicar la oración, presta atención a cómo recibes la comunicación del espíritu. Cuanta más fe pongas en tu conexión intuitiva, más guía recibirás. Toma nota de cómo te habla el espíritu y confía en lo que te llegue.

Es posible que en el pasado hayas tenido experiencias en las que ahora te puedas apoyar para desarrollar tu fe. Yo las llamo pruebas o demostraciones espirituales. Cuando vivimos un momento favorable de sincronicidad, somos guiados por el espíritu. Tómate algún tiempo para pensar en los instantes de tu vida en que recibiste guía de un nivel que no era el físico.

Ahora anota estos ejemplos en tu diario.

Tómate un momento para honrar estas pruebas que validan la conexión espiritual y permite que te den impulso conforme la fortaleces por medio de la oración. Y si nunca has tenido pruebas que confirmen la conexión espiritual, prepárate para recibirlas ahora: las oraciones de este libro abrirán tu conciencia para obtener guía intuitiva. ¡Para eso está diseñado este paso, de modo que empecemos!

La guía puede llegarte a través de otras personas. Puedes recibir el mensaje exacto que necesitas de un extraño que te encuentras en la calle, o de una cita inspirada que lees en Instagram. Incluso puedes recibir guía en un sueño, sobre todo si oras antes de ir a la cama. Si recitas cualquiera de las cuatro oraciones que te he propuesto antes de dormir, orientarás tus sueños para que te ayuden a resolver la negatividad y el juicio. Cuando rezas, en todas partes encuentras guía que favorece tu sanación.

También me reconforta el hecho de que la oración no aborda solo las necesidades individuales. Los demás también sienten las oraciones. Cuando envías oraciones amorosas a otros, ellos las sienten a nivel energético. La frecuencia energética de las oraciones se recibe a distancia. Si has juzgado a otros, les has enviado una oración cargada de negatividad. Para ayudarte a cambiar esta transmisión de lo negativo a lo positivo, pasa proactivamente del juicio a una oración amorosa. La oración te libera de las ofensas percibidas y despeja el espacio para que sanen relaciones basadas en el temor. Por ejemplo, al principio de mi carrera profesional tuve una socia con la que trabajaba codo con codo. Teníamos veintitantos años y nos movía el ego. La relación se basaba en la separación, la comparación y el juicio. Había mucha tensión entre nosotras y no podíamos resolverla. ¡Necesitábamos un milagro! Al final, harta de la negatividad, pedí consejo a una mentora espiritual para sanar la relación. Me dijo: «Reza para que ella tenga la felicidad y la paz que quieres para ti».

¡Vaya! Esto me sorprendió mucho.

«Bueno, ¿y por qué rezaría por ella? Es ella la que me vuelve loca», le dije.

Mi mentora me explicó que, al rezar por ella, soltaría mis juicios y me sentiría mejor. Cuando me sintiera mejor, abandonaría mi ataque energético contra ella, y ella también se sentiría liberada.

Como estaba dispuesta a hacer lo necesario para sanar esa relación, empecé a rezar por ella cada día. Recé para que fuera feliz, tuviera éxito y se sintiera en paz. Recé para que tuviera toda la alegría y serenidad que quería para mí misma. Y aunque me sentía escéptica, funcionó. Empecé a sentirme mucho mejor casi de inmediato. El amor dentro de mí era más fuerte que el juicio de mi ego. Rezar por ella me reconectó con mi verdad y me sentí muy bien al olvidar las ofensas. Pero lo mejor de esta experiencia fue que ella también sintió mi cambio. Una semana más tarde, ella comenzó a actuar de un modo diferente: se mostraba más bondadosa, más compasiva, y era más divertido estar en su compañía. Sé que mis oraciones cambiaron la energía que había entre nosotras. La oración me ayudó a soltar mi ataque energético contra ella y, gracias a esa liberación, ella también sintió más amor por mí. Aquel era el milagro que ambas necesitábamos, y con el tiempo sanamos nuestra relación.

Un curso de milagros enseña: «La oración es el medio de los milagros». Al rezar, transformamos nuestra percepción del miedo al amor. Una oración es una invitación espiritual a limpiar la mente: lavamos la percepción de ataque del ego y recordamos el amor. Cuando recé para que mi amiga tuviera la felicidad y la paz que yo quería para mí misma, solté la percepción de mi ego y dejé que el amor restaurara mi mente.

Con esta práctica te esperan cambios milagrosos. Empieza recitando cada día una de las oraciones anteriores. Deja que tus oraciones devuelvan tus pensamientos al amor. Si rezas cada día, serás guiado a vivir situaciones que cambiarán tu percepción de tus juicios. Me gusta iniciar el día con una oración porque así me comprometo con el amor desde el principio. Pero también puedes rezar a lo largo del día y recibir apoyo a medida que lo necesites.

Hay incontables maneras de rezar que te servirán. Al empezar tu práctica diaria de la oración, presta atención a lo que se te presente. Y lo más importante: no cuestiones los mensajes amorosos que recibas. La resistencia al amor te mantiene atascado en el ciclo del juicio, mientras que la oración deshace esa resistencia. Recuerda que estos mensajes y esta guía tan solo dirigen tus pensamientos de vuelta al amor. Entrégate a la guía y deja que entre el amor.

Una vez que recibas la guía, puedes elegir seguirla o ignorarla. Es importante saber que el espíritu no te enviará nada con lo que no puedas lidiar. Tu guía interna siempre te lleva hacia el mayor bien para ti y para todos. Ten fe en esta sabiduría interna y sigue sus dictados sin temor. Te asombrará el peso que te quitas de encima por el simple hecho de aceptar la guía espiritual que se te presenta.

Aunque eres libre de ignorar la guía recibida, hacerlo te puede llevar a juzgarte más de forma inconsciente. Sentirás que estás negando tu verdad. Esto puede hacerte sentir más vergüenza y culpa, lo que perpetuaría el ciclo del juicio. No te lo digo para alarmarte, sino para que seas consciente de lo que puede ocurrir si reprimes la voz de tu guía interna. Recuerda que esta es la práctica de retornar a tu verdad. La intuición que recibes tan solo te guía de vuelta a la mente recta y al amor. Confía en esto y te sentirás empujado a escuchar y seguir la guía recibida.

Dedico el tercer paso de la desintoxicación del juicio a la oración porque quiero darte una herramienta que te ayude en el trabajo que está por venir. Empieza a confiar en que la oración es la guía que te devuelve al amor. No hay nada más poderoso que soltar la necesidad de controlar y confiar en un poder superior a ti para restaurar tus pensamientos y tu energía. Cuando sueltas el agarre y permites que el espíritu señale la dirección, tu vida se convierte en un sueño feliz.

La práctica de la oración te lleva directamente al siguiente paso. Cuando rezas, se suspende el tiempo y sueltas el pasado. El profundo acto de entregar el pasado a través de la oración puede ayudarte a ver a alguien en su santidad, al margen de lo que te haya hecho. Este acto radical de ver a alguien con aceptación, amor y compasión es el mensaje del paso 4 de la desintoxicación del juicio.

A medida que continuemos añadiendo nuevas lecciones, sigue dispuesto a sanar tus juicios y serás guiado a soltar más resistencia cada día. Recuerda que esto es un proceso y celebra los milagros que se produzcan a lo largo de él documentándolos en tu diario. No necesitas orientarte hacia un cambio radical. Ve sumando cada momento milagroso y, cuando lo hayas hecho, mirarás atrás y los cambios realizados te asombrarán.

Ve por primera vez

Durante muchos años la relación con mi padre me resultó difícil. Estábamos en desacuerdo en algunos asuntos importantes, lo que generaba mucha tensión. Cada llamada de teléfono (y las teníamos cada semana) acababa con una discusión acalorada. La separación entre nosotros aumentó con los años. Pero, cuando tomé más conciencia de mis juicios, algo cambió. Un domingo por la tarde recibí la llamada semanal de papá. Fuimos correctos durante unos quince minutos antes de empezar a discutir sobre algún antiguo asunto. Ambos levantamos la voz y volvimos a caer en nuestros hábitos de ataque y separación. Mientras prácticamente le gritaba al teléfono, de repente me di cuenta de que estaba volviendo a un comportamiento infantil. De modo que hice algo distinto: me quedé en silencio y le dejé hablar. En el silencio, él fue capaz de calmarse y de decirme cómo se sentía.

—Sabes, Gabby —dijo—, me siento muy juzgado por ti.

Dejé que sus palabras se asentaran y sentí un momento de compasión.

—Papá, tienes razón —dije—, he estado juzgándote. Lo siento. Estoy trabajando en ello.

Nos pedimos disculpas mutuamente y nos despedimos con educación.

Esta conversación me dio la valiosa oportunidad de ver que, aunque sintiera que mi enfado estaba justificado, el juicio no era la respuesta correcta. Al tomar distancia del desacuerdo, pude ver mi parte de responsabilidad en la situación.

Me sentía culpable por mis juicios. En aquella época estaba escribiendo un libro espiritual sobre el amor, la compasión y la unicidad, y en medio de todo ello me permitía juzgar con severidad a mi propio padre. Observar este comportamiento me resultaba incómodo y me provocaba muchos sentimientos complicados. Pero sabía que había una solución espiritual, de modo que recé para liberarme de los juicios contra mi padre. No sabía cómo dejarlos atrás, pero confié en que el espíritu tenía un plan para mí y me iba a mostrar la manera.

A la semana siguiente, mi padre nos pidió a mi hermano y a mí que le acompañáramos al templo para el *yahrzeit* de mi abuelo, que en la fe judía marca el aniversario de un fallecimiento. Llevaba más de una década sin poner los pies en el templo de mi infancia. Y aunque el interior estaba rediseñado, no parecía haber cambiado nada. Como era la costumbre familiar cuando éramos niños, llegamos tarde y tuvimos que rebuscar en la última fila para encontrar sitio. Aquella noche disfruté de estar de vuelta en mi templo y sentí que me impregnaba una sensación de calma.

Y quiso el universo que el rabino diera un sermón sobre el valor de abandonar los juicios y la necesidad de sentir compasión por los demás. Sus palabras resonaron profundamente en mí y presté mucha atención a la guía espiritual que estaba recibiendo. Al final del servicio, el rabino miró hacia el fondo del templo y dijo: «Esta noche está con nosotros una preciosa familia que ha sido miembro de esta congregación durante décadas. Quiero dar mi reconocimiento a los Bernstein. Edgar Bernstein está aquí con sus dos hijos, Gabby y Max. Honro a Edgar por su compromiso con sus padres, pues nunca se pierde ninguno de sus *yahrzeits*. Esta mañana, en la preparación de esta ceremonia para el padre de Edgar, he ido al registro donde los miembros del templo están anotados desde hace décadas, y he traído algo especial».

En el púlpito, el rabino sostenía en la mano lo que, según reveló, era la tarjeta de miembro de mi abuelo, de más de sesenta años de antigüedad. Mi abuelo la había rellenado a mano, y en la columna de miembros adicionales había escritos los nombres de sus dos hijos, mi padre y mi tía. El rabino miró a mi padre y le invitó a subir al púlpito para darle la tarjeta.

Profundamente conmovido por este gesto, mi padre rompió a llorar. Al verle llorar al fondo del pasillo, adelanté a mi hermano y corrí a abrazarlo. El cambio que se produjo fue milagroso. En ese momento mis resentimientos del pasado se disolvieron. Le vi como un hijo devoto, un padre orgulloso y un miembro de la congregación al que se recibía con honores. Mi juicio se transformó en amor. Vi su inocencia, su verdad y su luz. Le vi por primera vez.

La experiencia de ver a mi padre sin su pasado, sin nuestra historia ni mis resentimientos, fue uno de los momentos más sanadores de mi vida. En ese instante santo mis pensamientos se realinearon con el amor y recordé la verdad acerca de quiénes somos: todos somos seres espirituales y somos amor. Cuando dejamos a un lado nuestras historias, pretensiones y juicios, el amor puede restaurarse. Ver a otros por primera vez significa ver su inocencia y su unicidad. Podemos reconocer que la luz que está dentro de ellos es la misma que brilla en nosotros. En presencia de la luz, el juicio no puede vivir.

Este es el paso 4 de la desintoxicación del juicio: ver por primera vez.

Los pasos que te han conducido hasta aquí te han preparado para esta fase de la sanación. Has observado tus juicios sin juicio, y eso te ha predispuesto para iniciar el camino. Has honrado las heridas que subyacen al juicio, y esto te ha dado la oportunidad de aceptar tu pasado y volver a elegir. Y has ofrecido tus juicios al cuidado de tu guía interna para que los transforme y te oriente. Ahora estás preparado para recibir la bendición de ver a la persona que has juzgado en su inocencia y su luz.

La experiencia de ver a alguien por primera vez produce un profundo alivio. La liberas de las historias que le has atribuido y tú te liberas de la atadura del ataque. Te sientes aliviado porque vuelves a tu verdad. Cuando ves a alguien a quien has juzgado a través de la luz del amor en lugar de la lente de la oscuridad, experimentas un milagro: pasas de la identificación con el cuerpo a la identificación con el espíritu. Cuando solo reconoces a alguien como cuerpo —un ser físico—, proyectas tus historias de miedo sobre esa persona y esperas que se comporte de cierta manera. Pero, si sueltas esas proyecciones y tienes la experiencia de verla como espíritu, todas las historias desaparecen. Si, aunque sea por un instante, bajas la guardia y eliges verla a través de la lente del amor en lugar de la del miedo, te acercas un paso a la libertad. Ese instante es suficiente para activar un impulso energético capaz de acelerar muchísimo tu sanación.

Pensar en ver por primera vez sin culpa ni juicio puede inquietarte. Tu ego quiere aferrarse desesperadamente a la creencia de que no es seguro soltar los juicios. Pero las historias, creencias y energía que gastas en juzgar a otros han creado, inadvertidamente, una defensa contra el amor. Si sientes resistencia a dar este paso, simplemente reza para que la guía interna lo sane. Ahora tienes poderosas herramientas y puedes usarlas para impulsarte hacia delante, hacia la libertad del juicio. Tus oraciones te ayudarán a soltar la resistencia del ego y a rendirte al proceso.

Ver a alguien por primera vez exige entrega espiritual. Esta práctica no es lógica, es experiencial. Confía en que tu intención de ver a través de la lente del amor es suficiente para experimentar un milagro. Sigue mis instrucciones, olvida el resultado y permite que este paso se despliegue de manera natural.

EL CAMINO QUE LLEVA A VER POR PRIMERA VEZ

Para iniciar la práctica de ver a alguien por primera vez, debes empezar aceptándolo. Que te sentirás mejor cuando esa persona cambie de comportamiento es un mito. Para verlo inocente, debes aceptarlo exactamente como es.

Aceptación

Lo más amoroso que podemos hacer por alguien es aceptarlo. Lo menos amoroso es intentar cambiarlo. Cuando tratas de cambiar a alguien, de hecho crees saber qué es mejor para él. Tu «ayuda» no solicitada es una manera de controlarlo y juzgarlo. Es posible que la gente no se muestre como tú quieres, pero cuando la aceptas como es, puedes soltar, perdonar y liberar.

Ahora bien, es difícil aceptar a alguien si piensas que está tomando malas decisiones. Pero, como tú, esa persona también dispone de un sistema de guía interna que la ayuda a navegar y a saber qué es mejor para ella. Y es importante saber que todos tenemos puntos de inflexión en la vida que nos ofrecen el don de la rendición. Pero, si tratas de «arreglar» a alguien, le estás robando esa oportunidad. Cuando nos hacemos responsables de la felicidad de otro, lo privamos de la oportunidad de tocar fondo. De modo que, en lugar de intentar impedir que pase un mal trago, reza para que su experiencia sea suave y que vaya acompañada por una guía y un apoyo claros.

Si alguien quiere cambiar y te pide ayuda, puedes estar ahí y ofrecerle apoyo. Pero no es útil, bondadoso ni amoroso intentar imponer el cambio a alguien. Cuando invitamos a participar al espíritu por medio de la oración, retornamos a nuestra mente recta y hallamos aceptación. *Un curso de milagros* enseña que el espíritu acepta y el ego analiza. El espíritu acepta lo que es verdad, que es que todos somos amor.

La otra persona no necesita tu corrección. Lo que necesita corrección es tu decisión equivocada de identificarte con el ego en lugar de hacerlo con el espíritu. Todos los juicios que albergas en tu mente surgen de la elección errónea de percibir el mundo del ego de separación y ataque. Cuando vemos con la percepción del cuerpo más que con la del espíritu, el juicio es inevitable. En el paso 3 empezaste a establecer una conexión espiritual tal como tú la entiendes. Ahora puedes recurrir a esa práctica, porque debes confiar en el espíritu para ver a alguien por primera vez y ser guiado a la aceptación.

Aceptar a alguien en el punto en que se encuentra es lo más bondadoso que puedes hacer no solo por él, sino también por ti mismo. Es importante que entiendas cómo te afecta el juicio a nivel metafísico. La médium espiritual Esther Hicks y sus guías, llamados colectivamente Abraham, dicen:

> *Todo el mundo tiene una mezcla de opiniones, creencias y expectativas sobre una miríada de temas. Cuando prestas atención a algo, esa vibración se activa y sale a primer plano. Cuanto más te enfocas en ella y la haces venir al primer plano, más dominante se vuelve.*
>
> *Tienes la opción de hacer que un aspecto de otra persona que te hace sentir bien sea dominante en tu vibración, o de hacer que lo sea un aspecto que te hace sentir mal. El aspecto que elijas regularmente se convertirá en la base vibracional de vuestra relación. Cuando tu felicidad se convierte en tu mayor prioridad y mantienes activos los aspectos de los demás que mejor te hacen sentir, entrenas tu frecuencia vibracional de tal modo que esas personas no podrán encontrarse contigo de ninguna manera que no te haga sentir bien.*
>
> *La única forma de que alguien sea feliz continuamente es si entiende que el sentimiento de felicidad guarda relación con su alineación con la fuente interna.*

Creas aquello en lo que te enfocas. Cuando practicas de manera consistente la aceptación de alguien en el punto en el que está y lo ves con compasión, te realineas con tu verdadera naturaleza amorosa. Con la aceptación, liberas la resistencia que habías puesto en la relación, y así despejas el camino para la sanación y para acceder a pensamientos y sentimientos más amorosos. Cuando cambias tus pensamientos y sentimientos con respecto a otro, cambias tu energía hacia él. La otra persona notará el cambio y se sentirá liberada por ti. Y lo mejor de todo: la variación de tu energía te dará fuerzas para seguir soltando los juicios hasta ser completamente libre. La aceptación te ofrece esta libertad.

Acéptate a ti mismo

La autoaceptación tiene el poder de reorganizar toda tu experiencia. Cuando miras la lista de personas que son dianas de tus juicios, ¿está tu nombre en lo más alto o cerca de lo más alto? Si es así, la práctica de la autoaceptación es esencial para sanar tu relación contigo mismo y alinearte con el amor.

Mi amigo Sam es un maravilloso ejemplo de lo que puede conseguir la práctica de la autoaceptación. Durante algunos años se esforzó por confiar en sí mismo en su carrera profesional. Después abandonó el mundo corporativo para hacerse emprendedor, pero le costaba tomar impulso. Empezaba un proyecto tras otro, pero cada uno de ellos perdía gas y fracasaba. Al final, Sam vio la oportunidad de implicarse en un gran negocio que, según pensaba, podría tener mucho éxito. Sin embargo, como en sus otros proyectos, pronto las cosas empezaron a ir mal. Para salvar el negocio tenía que trabajar una cantidad exagerada de horas y temía perder todo el dinero que había invertido. Los meses que llevaba en ese emprendimiento le parecían años, y cuando el polvo se asentó, se dio cuenta de que no tenía nada. Comprensiblemente fue una época muy oscura para él.

Sam se encontraba en un cruce de caminos. Podía dirigirse hacia la autocrítica y el ataque. Podía creerse todas las historias que se había contado a sí mismo sobre lo duro que es ser un emprendedor y que él no estaba hecho para eso. O podía elegir verse de otra forma. Podía escoger aceptar su pasado y honrar el trabajo duro y la enseñanza adquirida al asumir riesgos. Mediante la autoaceptación, podía reorientar su enfoque desde lo que no había conseguido hacia lo que había aprendido. Milagrosamente, con un poco de guía y mucho autoamor, Sam eligió la aceptación.

En ese espacio de mente recta creado por la autoaceptación, Sam se vio a sí mismo por primera vez. Soltó sus historias del pasado e integró al hombre que era en el presente. Eligió celebrar su crecimiento y su buena actitud. Incluso celebró sus errores, pues los consideró una valiosa guía para el futuro. Este acto de autoaceptación le dio energía y entusiasmo para lo que tenía por delante. Se sintió creativo y limpió el espacio para que pudieran surgir nuevas ideas. Como estaba alineado con la energía del amor, pudo oír la voz del espíritu que lo guiaba.

Poco después de que Sam eligiera aceptarse a sí mismo, empezaron a suceder milagros. En el espacio de autoaceptación, Sam abandonó toda resistencia. Y en ausencia de resistencia, la inspiración fluyó libremente hacia él. Una tarde dio con una idea creativa para su negocio, una idea que nadie más estaba aplicando y que podía empezar a funcionar de inmediato. Era la oportunidad que esperaba. Al soltar los juicios con respecto a sí mismo y alinearse con el amor, Sam tuvo energía para ponerlo todo en marcha al momento. Muy rápidamente su idea se convirtió en un negocio de seis cifras que ahora alimenta a su familia y tiene una capacidad de crecimiento ilimitada. Sam podría haber elegido uno u otro camino en su carrera profesional. Gracias al poder de la aceptación, tomó la dirección correcta.

Comparto esta historia para inspirarte y para que compruebes el poder de la aceptación, tanto de uno mismo como de los demás. Cuando aceptamos a otros, les damos espacio para crecer. Cuando nos aceptamos, despejamos el camino para crear una historia nueva. Marianne Williamson dijo: «Suelta tu historia para que el universo pueda escribir otra nueva para ti». En el momento en que eliges la aceptación, invitas al universo a que empiece a escribir.

Ejercicio de aceptación

Para comenzar la práctica de la aceptación, vuelve a la lista de juicios que elaboraste en el paso 1. Elige uno que todavía te moleste, incluso después de aplicarle la EFT y la oración. Quizá te dé miedo soltar el juicio con respecto a una persona que te haya hecho daño, o tal vez temas lo que podría ocurrir si dejaras de juzgarte. Escoge un juicio que estés dispuesto a soltar para trabajar con él ahora.

En la parte alta de la hoja de tu diario, anota el nombre de la persona a la que has juzgado (¡tal vez sea tu propio nombre!).

Al lado del nombre, escribe una lista de todos los aspectos que te gustan de esa persona. Si es alguien que te ha hecho mucho daño, puede resultarte difícil encontrar sus cualidades. En cualquier caso, enfócate en las lecciones que has aprendido de las relaciones. Incluso en las peores situaciones o relaciones, siempre hay oportunidades espirituales de crecimiento y sanación. Puedes centrarte en el crecimiento y el aprendizaje que han sido resultado de una situación por lo demás negativa. Puedes dirigir la atención a la oportunidad que te da esta persona de practicar la desintoxicación del juicio. O puedes elegir verla con compasión, al aceptar que una persona feliz no trataría tan mal a otra. Este proceso de reorientar el enfoque del juicio hacia la aceptación requiere estar dispuesto a acceder a pensamientos simples que te hagan sentirte mejor. Incluso pasar del pensamiento «te odio» al pensamiento «acepto que no te encuentras bien» puede cambiar tu energía en torno a la relación. Busca poco a poco la manera de aceptar y observa cómo cambia tu energía durante el proceso. He escuchado historias terroríficas compartidas por muchos asistentes a mis conferencias: cómo han sufrido abusos y ataques o han sido sometidos a situaciones vergonzantes, y cómo a través del proceso de recuperación encontraron su conexión espiritual y redirigieron el curso de su vida. Incluso si no estaban dispuestos a perdonar al agresor en el momento, podían ver que su trauma era el catalizador de un gran crecimiento espiritual. Si te cuesta hallar algo que te guste de la persona a la que has juzgado, procura enfocarte en las lecciones que has aprendido en esa relación. A medida que elabores la lista, dirige proactivamente la atención hacia lo que aprecias de esa persona, aunque solo se te ocurra una cosa.

Mientras lees la lista, observa cómo te sientes al pasar de enfocarte en lo negativo a apreciar lo positivo. Fíjate en si aceptas mejor a esa persona ahora que te has alejado de lo que desearías cambiar de ella para orientarte hacia sus cosas buenas (o las lecciones que has aprendido como resultado de tu relación o de tu interacción con ella). Refleja cómo te sientes en tu diario. Tal vez experimentes alivio al abandonar el intento de cambiar a alguien. O tal vez sientas compasión y amor hacia esa persona. Quizá esta práctica te ponga a la defensiva. Se trata de tu ego, que se aferra al juicio y trata de mantenerte atrapado en la oscuridad. Si te resistes a sentir amor, continúa con la atención puesta en lo bueno que ha salido de esta situación. Al cambiar sutilmente de enfoque, te acercas a la aceptación. Y cuanto más cambies de enfoque hacia la aceptación, más alivio sentirás.

Reconoce que la otra persona eres tú

La mejor manera de ver la inocencia de alguien es reconocer que es tu propia inocencia. Todos tenemos el mismo problema y la misma solución. El problema es que elegimos desviarnos hacia la mente errónea y el juicio. La solución consiste en elegir el amor en su lugar. Y en nuestros corazones compartimos los mismos deseos: todos queremos ser felices, libres y tener salud. Todos queremos ser amados. Aceptar nuestra unicidad con los demás nos ayuda a reconocernos en ellos.

El gran maestro de yoga kundalini Yogui Bhajan dejó cinco *sutras* para la Era de Acuario, y uno de ellos es: «Reconoce que la otra persona eres tú». Yogui Bhajan profetizó el estado en el que hoy se encuentra el mundo. Vio la división y la separación, y supo que necesitaríamos invocar la unicidad para sobrevivir. Vio que la causa raíz de los problemas mundanos seguiría siendo la separación, e inculcó en sus alumnos, lectores y público la necesidad de reconocer que la otra persona es nosotros. Para disolver la separación de nuestro tiempo debemos vivir de acuerdo con este *sutra*. He tenido muchas oportunidades de ponerlo en práctica.

Una vez me ocurrió cuando iba a alquilar un coche. Durante un viaje de trabajo, tenía prisa por llegar del aeropuerto a una reunión importante. Ya iba retrasada, de modo que no ayudó toparme con una larga cola en el mostrador de los coches de alquiler. Estuve allí pacientemente durante quince minutos (fue toda la paciencia que pude acumular) y, cuando llegó mi turno, estaba ansiosa por coger las llaves y salir. La mujer que me atendió pudo sentir mi energía controladora en cuanto llegué al mostrador. Dije en un tono cortante:

—Tengo mucha prisa y me encantaría conseguir el coche cuanto antes.

Ella me miró y se rio.

—Va a llevar todo el tiempo que sea necesario —dijo.

En ese momento me di cuenta de que me había metido en problemas. Dije para mí: «Bueno, más vale que te des prisa».

Mi vibración negativa no la hizo trabajar más rápido. De hecho, mi actitud la fastidiaba mucho. Se alejó del mostrador sin motivo aparente, volvió cinco minutos después sin dar explicaciones y tardó una eternidad en introducir mi información en el sistema. Su juego de poder me produjo mucha ansiedad. Empecé a sudar y a mirar alrededor para ver si encontraba a su jefa. A continuación, le pregunté su nombre con rudeza y amenacé con llamar a las oficinas corporativas para quejarme. No sorprende que esto no ayudara. Mi negatividad no consiguió sino alimentar la suya. Nuestro enfrentamiento se convirtió en una discusión acalorada y su jefa vino a reñirme por levantar la voz. No hace falta añadir que ese no fue mi momento más brillante.

Finalmente me puse al volante sudando y cabreada; ya llevaba treinta minutos de retraso. Y a continuación me topé con un atasco de tráfico. Esto solo consiguió incrementar mi mal humor. Empecé a culpar a la mujer y a repetir la situación una y otra vez en mi mente; mi enfado alcanzaba cotas históricas. Conducía sin cuidado y tocaba la bocina cada vez que alguien me adelantaba. Estaba cruzada. Pero tenía una reunión importante a la que ya iba a llegar tarde y debía recuperar el control de mis emociones para volver a sentirme de una pieza. De modo que pronuncié una oración para pedir un cambio de percepción. En cuestión de segundos oí el eco de la voz de Yogui Bhajan en mi conciencia: «Reconoce que la otra persona eres tú». Mi respuesta inmediata a esta guía fue: «¡Vaya! ¿Cómo es que ella soy yo?».

Tomé una respiración profunda y dejé que el mensaje calara. Entonces observé la situación de cerca y estuve dispuesta a verla de manera diferente. Elegí ver qué había en aquella mujer que me provocaba tal reacción. Tras unos pocos minutos de reflexión acepté que ella y yo teníamos mucho en común. Ambas habíamos tratado de imponer nuestro poder en esa situación. Ambas queríamos tener el control y ejercer autoridad. Mi necesidad de controlar era su necesidad de controlar. Mi necesidad de sentir poder era la suya. En un instante identifiqué sus heridas como mías, y la vi por primera vez.

Sentada en ese coche, en medio del atasco de tráfico, y a esas alturas con casi una hora de retraso, empecé a derramar lágrimas de alivio. Lloré por la tarea divina y espiritual que se me había presentado. Lloré por el cambio milagroso de reconocer que la otra persona era yo. Lloré por la oportunidad de experimentar de verdad el *sutra* de Yogui Bhajan. Este mensaje dejó de ser un eslogan atrayente para transformarse en un enorme paso adelante en mi desarrollo y mi sanación espiritual.

Puedes llevar este *sutra* a tu propia vida si eliges ver la verdad de las personas con las que estás en lugar de tus proyecciones sobre ellas. Practica para ver su inocencia honrando todo aquello por lo que han pasado y los retos que han afrontado, aunque no tengas ni idea de cuáles son. La lista de cualidades positivas te ayudará a redirigir tu atención para verlos en su luz.

A continuación reconoce que esa persona eres tú. Para honrar de verdad a otro ser humano debes reconocer que la oscuridad que ves en él es una parte de tu propia sombra de la que no te has apropiado. Cuando juzgas las sombras en los demás, solo proyectas lo que has negado dentro de ti. Si los demás te hacen reaccionar, se debe a que reflejan elementos de tu sombra que no estás dispuesto a sanar. Convierte tus juicios en gratitud. Dales las gracias por ser un reflejo y por darte la oportunidad de continuar aprendiendo y creciendo en tu camino espiritual. Contémplalos como maestros que te enseñan el programa de estudios universal. Reconoce que ellos son tú.

Contémplalos en la luz

Mi difunto mentor y amigo el doctor Wayne Dyer dijo: «Ve la luz en los demás y trátalos como si eso fuera lo único que ves». Wayne encarnaba por completo este sistema de creencias, y creo que por eso siempre estaba tan alegre y feliz. Esta felicidad está a disposición de todos cuando llevamos este mensaje a la práctica diaria. La próxima vez que entres en tu oficina dispuesto a juzgar a tus compañeros de trabajo, o que veas las noticias y estés a punto de juzgar los asuntos cotidianos, pronuncia esta oración: «La luz en ti es lo único que veo». Puedes recitarla cuando hayas juzgado a alguien. Llévala a las relaciones en las que sientes más separación, a las personas que consideras especiales y mejores que tú y a quienes percibes como inferiores o incluso odiosos. Si no lo trabajas, juzgarás a todo el mundo, desde los extraños con los que te cruzas un momento hasta los seres queridos: hijos, padres y esposos. Cuando notes que juzgas a alguien, dite en silencio: «La luz en ti es lo único que veo».

A lo largo del día, presta atención a tus pensamientos sobre los demás. Obsérvate cuando surja un pensamiento de ataque, y date cuenta de cuándo haces que alguien sea especial o esté separado. Reconoce que el pensamiento de ataque y el pensamiento de ser especial son uno y el mismo: un juicio. Aplica el paso 1 y observa tus juicios sin juicio. En cuanto percibas tu tendencia a juzgar, recita la oración: «La luz en ti es lo único que veo».

Al comienzo de mi carrera ofrecía esta herramienta a mis estudiantes. Una vez les pedí que salieran a las calles de la ciudad de Nueva York y que, ante cada encuentro que tuvieran, repitieran en silencio: «La luz en ti es lo único que veo». Lo hicieron en el metro, en la tienda de *delicatessen*, en el trabajo con los compañeros y en su hogar con sus familiares y amigos. En cada encuentro, se acordaban de ver únicamente la luz en los demás. Les pedí que continuaran así durante toda una semana y que, cuando volviéramos al grupo, compartieran sus experiencias.

Los resultados fueron asombrosos. Cada uno volvió con su propio milagro para compartir. Algunos compartieron que sus compañeros de trabajo, antes muy distantes, actuaban con más amabilidad. Otros dijeron que habían resuelto asuntos con sus parejas que los inquietaban desde hacía años. Algunos habían sentido que la depresión se disipaba y la alegría se estabilizaba en ellos. Cuando haces el esfuerzo de ver a las personas en su luz, retornas a la verdad. Esto puede transformar rápidamente tu vida. Sientes alivio cuando liberas a los demás. La simple verdad es que uno se siente mejor si acepta y se compadece. Resulta fortalecedor ver amor donde quiera que estás. Yogui Bhajan dijo: «Si no puedes ver a Dios en todos, no puedes ver a Dios en absoluto».

Cuando tu único cometido es ver a todos en la luz, no tienes tiempo para enfocarte en las faltas y en los juicios. Pasamos los días viviendo en el ciclo del juicio, y en el momento en el que salimos de él, abrimos el espacio para recibir una corriente de bienestar y alegría. Esther Hicks y Abraham dicen: «Solo hay una corriente de bienestar que fluye. Puedes permitirla o resistirte a ella, pero fluye igualmente». Cuando ves proactivamente a los demás en la luz, permites que fluya la corriente de bienestar. En ausencia de juicio, lo único que queda es amor.

El camino más rápido para vivir en la luz es reconocerla donde quiera que estés. Ve la luz en tu jefe tiránico y terrorífico. Ve la luz en el ex que te ha engañado. Ve la luz en el asesino de las noticias. Reconozco que esto puede provocar reacciones emocionales intensas en ti. Podrías pensar: «¿Cómo puedo ver luz en un asesino? Eso es imposible». Incluso podría parecerte ridículo o innecesario. Pero, cuando aceptas que alguien debe estar muy enfermo y torturado internamente, o vacío, para hacer algo tan horrible, puedes sentir compasión.

La que sigue es la última práctica de este paso: la llamada a la compasión.

Practicar la compasión

La compasión es el antídoto del juicio. Cuando aceptas a alguien en el exacto punto en el que se encuentra, ves todo el bien y el mal que hay en él. Cuando reconoces que la otra persona eres tú, ves tu reflejo en su sombra y en su luz. Y cuando eliges verle en la luz, el amor se manifiesta y brilla. Pero, aunque dispongas de estas prácticas en la caja de herramientas espirituales, habrá momentos en los que vacilarás y volverás al juicio. El ego es poderoso y puede volver a guiarte hacia las historias de separación. También podrías descubrir que estás dispuesto a aplicar estas prácticas a las personas que son fáciles de liberar, pero, cuando se trata de un criminal violento o de alguien que maneja mucho poder, no hay manera.

Aquí es donde entra en juego la compasión. Cultivar una percepción compasiva te ayuda a ver la inocencia. Puedes ver que su propio terror interno le ha convertido en un monstruo. El trauma y el torbellino que se producen dentro de cualquiera que pueda dañar gravemente a otra persona son incalculables. Y si es una persona incapaz de sentir empatía o amor, puedes sentir compasión por su incapacidad de sentir estas emociones humanas tan importantes. Ver a otros con compasión te ayuda a contemplar sus dificultades, su dolor y su profundo sufrimiento. Reconocer su sufrimiento mediante la compasión no implica dejar de penalizar lo que han hecho mal. Pero sí significa liberarlos en el ámbito espiritual. Al liberarlos a ellos, te liberas del terror que han creado. Aferrarte a tu juicio crea más terror en tu mente y perpetúa el ciclo del juicio.

La práctica de la compasión es una elección. En cualquier momento puedes elegir enfocar tu atención en lo que alguien hace mal o en lo que pudo provocar que se comportase de esa manera. Si reorientas el enfoque de lo que se ha hecho a la enfermedad que le ha llevado a hacerlo, florece la compasión. Observar compasivamente a alguien en su oscuridad le da permiso para entrar en la luz.

La compasión es una práctica que a algunos nos resulta más fácil que a otros. Ahora bien, al margen de lo difícil que parezca, recuerda que no necesitas entenderla lógica ni perfectamente de la noche a la mañana. Lo único necesario es estar dispuesto. Pon tu empatía sobre la mesa y deja que la compasión guíe tus pensamientos. Encontrarás alivio, aunque solo sea por un momento.

Cada persona con la que te encuentras en el camino de tu vida te ofrece tareas espirituales para fortalecer tu fe en el amor. Cuando aceptas estas relaciones (y tu relación contigo mismo) como tareas espirituales para recordar el amor, los problemas que percibes cambian. Dejas de ver tus problemas con los demás como luchas interminables y empiezas a verlos como oportunidades de fortalecer tu fe. El acto de ver a alguien por primera vez es una de las prácticas espirituales más importantes que puedes realizar. Te ofrecerá un inmenso alivio y recompensas eternas. Cuando cambias del juicio a la unicidad, envías una ola de energía a la totalidad del mundo que toca a cada alma. El mundo sana cuando reconoces la luz en otro ser. Y, al hacerlo, puedes cumplir tu propósito aquí en la Tierra: ser luz y ver la luz en los demás.

Cualquiera de las prácticas de este paso libera resistencias y abre las puertas al bienestar. Practicar la aceptación te ayudará a bajar la guardia y a abandonar los juicios. Reconocer que la otra persona eres tú te ayudará a ver tu parte en la historia y te recordará la inocencia del otro. Rezar para ver la luz en todos te reconectará con tus hermanos y hermanas para que puedas realinearte con el flujo del universo. Y practicar la compasión te liberará de la atadura del juicio.

Aplica estas técnicas de manera intercambiable y empezarás a experimentar este paso de ver por primera vez. Estos ejercicios disolverán las barreras que has construido contra el mundo y restaurará tu verdadera naturaleza. Ver a los demás por primera vez es una bendición que te ofreces a ti mismo. En último término, te autoliberas. Te liberas de la prisión del juicio y recalibras tu energía para vivir en armonía con la luz del mundo.

En este paso del camino de desintoxicación del juicio empiezan a ocurrir grandes cambios en tu psique. Comienzas a ver el mundo de una manera nueva. Sueltas al mundo del enganche en el que lo tenías y aceptas que todos estamos en esto juntos. Aceptas que todos juzgamos, pero que también es verdad que todos anhelamos el amor. Te das cuenta de que, cuantas más personas elijan amar, más seguro, feliz y saludable será el mundo.

La finalidad de este libro no se limita a que te sientas mejor y atraigas más de lo que deseas. Está diseñado para generar un movimiento de trabajadores de la luz que sanen al mundo mediante sus pensamientos amorosos. Quiero transformar las creencias de millones de personas en todo el mundo para que podamos cambiar la energía del planeta. Acepta que formas parte de este movimiento. El consciente colectivo es mucho más poderoso de lo que puedas imaginar. Cuando las personas se unen en nombre del amor, ocurren milagros. Continuemos volviendo a los pensamientos de amor y cambiemos el mundo.

Empieza hoy. Construye un puente en tu conciencia hacia la aceptación y la compasión. Mira a través de la lente de luz y reconoce a la otra persona en ti.

Los pasos que conducen a este punto son suficientes para crear un cambio radical en tu vida. Pero hay dos pasos más que son importantes para que estés del todo en marcha. En el próximo paso, voy a incluir la base de toda práctica espiritual: la meditación. A lo largo del paso 5 serás guiado a dejar a un lado tu cerebro lógico y abrazar la capacidad creativa de tu cerebro derecho para ver con el espíritu. Si eres nuevo en la meditación, este es el lugar perfecto para empezar. Ofreceré varias prácticas de meditación guiada que te ayudarán a entregarte al proceso todavía más.

La práctica de la meditación te cambiará tanto a nivel psicológico como físico. La meditación puede alterar antiguos patrones y reorganizar tu sistema nervioso. La parte más bella del paso siguiente es que, en medio de la quietud, empezarás a ver cómo encajan entre sí todos los demás. Ahora prepárate para ahondar en tu camino de sanación abriendo tu corazón. Al otro lado te espera mucha alegría.

Corta las cuerdas

En general, lidiar con los conflictos con mis amigos me resulta muy fácil. Tiendo a ser muy buena para resolver situaciones y encontrar soluciones sin hostilidad ni tensión. Pero mis deslumbrantes éxitos recientemente llegaron a su fin tras sufrir un enorme fracaso con un amigo querido.

No creo que este amigo —llamémosle Jack— tuviera la intención de causarme ningún mal. Y estoy segura de que Jack no se dio cuenta de que su comportamiento abría una de mis heridas más profundas. De hecho, ni siquiera estaba preparada para expresar lo desolada que me sentí tras su conducta. Y como me faltó este poco de autoconciencia, asumí una actitud de protección. Tardé más de tres semanas en volver a conectar con él. Entre tanto, dediqué horas a repasar la situación en mi mente y con mentalidad de víctima. Conté mi versión, con juicio incluido, a cualquiera que estuviera dispuesto a escucharme, repitiendo constantemente el final de mi relación con Jack.

Al final, tras tres semanas sin contacto, acumulé un poco de coraje y le llamé. Pero, en cuanto descolgó, empecé a contarle lo desolada que sus acciones me habían hecho sentir. Le sermoneé diciéndole cómo me había herido y lo mal que estaba lo que había hecho. Mis palabras eran defensivas y se apoyaban en un tono desagradable. Llevé mi enfado a un nuevo nivel cuando le dije: «No puedo creer que actúes así. Tienes que buscar ayuda profesional».

Mi actitud y mis palabras le chocaron, especialmente porque no había visto venir lo que le caía encima. Y en realidad eso marcó el *verdadero* punto de inflexión negativo. En cuanto pasé de contarle lo herida que me sentía a juzgar a Jack por su comportamiento, mi versión de la historia dejó de importar. Ya no tenía más espacio para expresar honestamente mis sentimientos porque Jack se había puesto a la defensiva. Su tono cambió y la conversación se acaloró. Colgamos el teléfono muy alterados.

En el momento no me di cuenta de lo que había hecho. Sentí que mi enfado estaba muy justificado. Incluso me sentí orgullosa de haber dicho lo que pensaba. Pasaron las semanas y no volví a saber de Jack. Continuaba enfadada y añadía combustible a mi historia. La repasé una y otra vez en mi mente, justificando mi actuación. Pero, cuanto más enfadada y crítica me mostraba, más molesta me sentía. Era un círculo vicioso.

Parecía que no íbamos a ser capaces de recomponer lo que se había roto, que perderíamos una amistad de siete años.

Acepté que ese era el «destino» de la situación. Pero, aunque no podía admitirlo, tenía la sensación inconsciente de que todo era culpa mía. En el fondo sabía que nada justificaba el juicio y la separación que le había impuesto. Mi juicio había causado un daño serio.

A medida que pasaba el tiempo, me fui dando cuenta de que podría haber gestionado la situación de muchas otras maneras. ¿Cómo podría haber sido más amorosa y bondadosa? ¿Cómo podía haber compartido sinceramente mis sentimientos sin juzgar? Pero obsesionarme con el pasado no me ayudaba a avanzar. Me mantenía atascada en un ciclo de pesadilla. Supe que tenía que aplicar al problema mi práctica de la desintoxicación del juicio. De modo que observé mi juicio sin juicio, honré mi herida y conecté con ella. Recé pidiendo al espíritu que interviniera y elegí ver a mi amigo como amor y luz.

Todas estas prácticas me ayudaron a suavizar el juicio. Pero había otro paso que tenía que dar para reparar la relación en el ámbito energético. Debía llevar el juicio a mi práctica de meditación para realizar una limpieza espiritual. No podía llamar a mi amigo y solucionar el problema por teléfono, pero podía limpiar la energía por medio de la meditación. De modo que me acomodé sobre el cojín y emprendí el siguiente paso de la desintoxicación del juicio.

Antes de ponerme a meditar, establecí la intención de sanar el vínculo entre nosotros. Pedí al espíritu que interviniera y reparara la conexión energética. Entregué la relación a mi guía interna y pedí ayuda. Y en cuestión de segundos oí intuitivamente la voz de mi guía interna. Me dijo: «Envíale amor». El mensaje me alivió. Entendí que era el momento de sanar la negatividad que había entre nosotros mediante la energía del amor. Escuché la guía y empecé a enviar amor profundo a Jack a través de la meditación. En el ojo de mi mente lo abracé con fuerza. Sentí su presencia en la habitación. Dejé que mi mente deambulara por todas las cualidades que me encantan de él y empecé a llorar. En ese momento sentí como si el espacio y el tiempo no existieran. El pasado se disolvió y el futuro era inexistente. El vínculo entre nosotros quedó restaurado a través de la oración y la meditación. Me sentí más ligera y más profundamente conectada con él que nunca antes.

Cuando me sentí en calma, salí de la meditación. A los pocos minutos de abrir los ojos, consulté el teléfono para ver qué hora era y vi que había llegado un mensaje de texto. ¡Era de Jack! Decía: «Siento que ya es hora de resolver esto».

Suspiré aliviada y di gracias al universo por la guía recibida. En cuanto solté el juicio, él lo sintió y supo que era el momento de sanar. Este es el poder de la meditación.

La meditación tiene la capacidad de transformar todas tus relaciones, incluida la relación contigo mismo. Cuando sintonizas con la energía del amor mediante la práctica de la meditación, invitas a una fuerza invisible de amor a que tome el mando. En presencia de ese amor, el pasado se disipa y las cuerdas energéticas del juicio se disuelven. Todos nos vinculamos con personas de todo el mundo a través de cuerdas energéticas. A veces tenemos conexiones con personas a las que ni siquiera conocemos. Cuando tienes una relación con alguien, vuestra energía se conecta, sobre todo si se produce un intenso encuentro emocional entre ambos. Las cuerdas energéticas también se crean al establecer un contrato con alguien o al prometer algo, tanto si se trata de negocios, de matrimonio o de algo menos formal. Incluso cuando la relación acaba, el cordón energético puede seguir intacto, en especial si se conservan pensamientos negativos y juicios con respecto a la otra persona. Tu juicio crea una cuerda que os ata, te guste o no.

Incluso cuando crees que una relación ha terminado, seguirás sintiendo el dolor del drama ocurrido cuando estabais «juntos». Las cuerdas energéticas mantienen el drama en marcha aunque estéis separados, y esos intensos vínculos energéticos pueden hacerte sentir cansado, agotado e incluso molesto. Por esta razón puede ser muy difícil dejar de pensar en un examante o de obsesionarse con una relación comercial que se ha agriado.

Esto fue lo que ocurrió con mi amigo Jack. Aunque estábamos separados físicamente y no nos hablábamos, yo seguía resentida, enfadada y agitada debido a la persistencia del vínculo. La separación física no era suficiente para acabar con la conexión negativa: tenía que limpiarla espiritualmente.

Cuando una cuerda te vincula a alguien a quien has juzgado, te atascas en una relación de baja frecuencia, y el drama se despliega una y otra vez. Esta negatividad va más allá de la relación: tu frecuencia energética emite una vibración más baja, y esta atrae otras relaciones que representan el mismo juicio, la misma separación y negatividad. Todo se lía rápidamente. La buena noticia es que puedes sanar estas cuerdas que te atan a través de la meditación. Incluso una única meditación puede cortar una cuerda, soltar un vínculo energético y romper el ciclo del juicio. Esta práctica es el paso más importante para resolver relaciones del pasado y seguir hacia delante con gracia. Para poder avanzar hacia nuevas relaciones y aliviarte del juicio y del drama, debes cortar las cuerdas.

Este paso de la desintoxicación del juicio te ayuda a liberarte del ciclo de separación. Cada paso que has dado hasta aquí te ha preparado mental y espiritualmente para disolver cualquier incomodidad o apego destructivo. Ahora ha llegado el momento de meditar. He descrito seis meditaciones que te ayudarán a sanar y a limpiar energéticamente tus apegos causados por los juicios. *Cada meditación se basa en la anterior, de modo que practica una cada día durante los próximos seis días.* Practica cada meditación al despertar por la mañana. El objetivo es reorganizar tu energía de inmediato y después prestar atención a los cambios milagrosos que se produzcan a lo largo de la jornada.

Espero que encuentres un gran alivio en estas prácticas. Es posible que una meditación resuene contigo más que otra, pero pruébalas todas en el orden en que las presento. Tras concluir el periodo de seis días, puedes empezar a usarlas como prefieras a lo largo del proceso de desintoxicación del juicio. Si practicas estas seis meditaciones en los seis días, podrás limpiar las ataduras energéticas que te mantienen atrapado en el patrón del juicio. Estas meditaciones te liberarán y limpiarán el espacio para el último paso de este proceso.

Día 1

Comencemos con la meditación para cortar las cuerdas energéticas. Esta meditación envía un poderoso mensaje al universo acerca de que ya estás preparado para dejar ir el juicio y mejorar tu estado psíquico. (Visita GabbyBernstein.com/bookresources para conseguir las grabaciones de audio de esta meditación [en inglés]). Sigue mi guía y ten a tu lado el cuaderno para anotar las ideas inspiradas que pueden surgir durante la práctica.

Día 1. Meditación matinal: meditación para cortar las cuerdas

Siéntate cómodamente con las piernas cruzadas en el suelo o en una silla.

Lleva los hombros hacia atrás con suavidad.

Toma una respiración profunda por la nariz y espira por la boca.

Inspira.

Espira.

Inspira.

Espira.

Con cada respiración, te relajarás más y más.

Inspira.

Espira.

Continúa enfocado en este ciclo de respiración.

Inspira por la nariz y espira por la boca.

Permite que tus pensamientos se aquieten y que una sensación de calma se irradie a través de ti mientras te preparas para una sanación más profunda.

Ahora invita a la persona a la que has juzgado a presentarse en tu meditación.

Contémplala con el ojo de tu mente de pie delante de ti.

Permite que surja cualquier sentimiento de enfado o resentimiento.

Mantente presente en tus sentimientos mientras sigues respirando.

Inspira y espira.

Inspira la incomodidad que surge al ver a esta persona de pie ante ti.

Y espira.

Inspira el sentimiento y libéralo.

Mira la gruesa cuerda oscura que hay entre vosotros dos.

¿Dónde se sujeta esta cuerda? ¿En tu pecho, en la garganta, en el estómago?

Confía en cualquier imagen que surja en tu mente.

Observa la cuerda con claridad y prepárate para cortarla.

Prepárate para desvincularte de la energía negativa del desequilibrio.

Estás preparado para cortar la cuerda.

En tu mano dominante sostienes una brillante espada dorada.

Esta espada representa tu deseo de ser libre y tu compromiso con la paz.

Cuando estés preparado, baja la espada y corta la cuerda de golpe.

La espada corta la cuerda sin esfuerzo y la ves caer al suelo.

Toma una respiración profunda y, al espirar, suelta un profundo suspiro de alivio.

Ahora la cuerda empieza a disolverse en el suelo. A medida que desaparece, todos los restos de su energía te abandonan.

Observa a esta persona de pie ante ti.

Contémplala en su inocencia.

Contémplala en su luz.

Libérala.

Inspira.

Espira.

Inspira.

Espira.

Cuando estés preparado, abre los ojos.

Toma el cuaderno y escribe sobre tu experiencia.

Toma nota de cómo te ha hecho sentir esta meditación. Escribe libremente en tu diario durante cinco minutos.

Presta atención a cómo te sientes a lo largo del día. Usa el diario y toma notas detalladas. A la mañana siguiente estarás preparado para la siguiente práctica.

Día 2

La meditación del segundo día es la del perdón. Espero que te haga experimentar un inmenso alivio y que puedas recurrir a ella cuando te sientas atrapado en el ciclo del juicio.

La belleza de la práctica de la meditación espiritual radica en que no tienes que descifrar nada por tu cuenta. Lo único que se requiere es estar dispuesto a perdonar. Permanece dispuesto a soltar los resentimientos y juicios con el deseo de perdonar.

Recuerda que el perdón no es algo que tú haces, es un milagro que recibes. Sigue mi guía y permite que esta meditación ponga en marcha la experiencia del perdón. En el último paso de la desintoxicación del juicio entraremos en la práctica del perdón en profundidad. Esta meditación te preparará para lo que está por venir. (Puedes acceder al audio de esta meditación en GabbyBernstein.com/bookresources).

Día 2. Meditación matinal: meditación para perdonar

Siéntate cómodamente en una silla o con las piernas cruzadas en el suelo.

Abre el cuaderno y, en lo alto de la página, escribe estas palabras: «Estoy dispuesto a perdonar».

A continuación, cierra suavemente los ojos y prepárate para la meditación.

Toma una inspiración profunda.

Y suelta el aire.

Continúa con la respiración larga y profunda por la nariz, y espira por la boca.

Inspira.

Espira.

Cuando estés preparado, invita a que surja una imagen de la persona que has juzgado.

Una vez más, contémplala de pie delante de ti.

Ahora brilla más. Te sientes menos apegado. La cuerda ha sido cortada y ya te sientes aliviado.

Contémplala de pie delante de ti y honra su presencia.

Honra su inocencia.

Honra sus esfuerzos.

Honra su luz.

Inspira.

Espira.

Repite suavemente este mantra para ti mismo mientras tomas respiraciones largas y profundas:

«Elijo perdonarte.»

«Te veo en la luz.»

«Elijo perdonarte.»

«Te veo en la luz.»

«Te perdono.»

«Te veo en la luz.»

«Te perdono.»

«Te veo en la luz.»

Repite estas afirmaciones una y otra vez hasta que empieces a sentir alivio.

Si tus pensamientos se desvían hacia la negatividad o la mente empieza a deambular, vuelve a tu mantra.

«Te perdono.»

«Te veo en la luz.»

Continúa repitiendo el mantra en silencio para ti mismo.

Cuando estés preparado, toma una respiración profunda y abre los ojos.

Al salir de la meditación, toma el cuaderno y escribe con libertad sobre tu experiencia. No corrijas nada. Simplemente deja que fluya el bolígrafo durante cinco minutos o más. Confía en la guía que viene a través del bolígrafo a la página. La meditación te conectará con tu sabiduría interna, y la voz amorosa de tu guía interna te dirigirá hacia el perdón y el alivio. Recuerda: se trata de una sanación espiritual. No tienes que descifrar nada; solo deja que la sabiduría interna te guíe. Permite que tu amor brille sobre la página a través de tus palabras.

Tal vez lo que has escrito te sorprenda. No lo cuestiones. Confía en que tu voluntad de perdonar es suficiente para dejar que el espíritu intervenga en tu nombre. La presencia del espíritu guiará tus pensamientos de vuelta al amor por medio de la intención sanadora del perdón. Es posible que lo que escribas no sea amoroso en absoluto. Quizá después de meditar te sientas todavía más enfadado, o más molesto, o resentido. Cualquier cosa que surja es absolutamente perfecta y representa un gran paso en tu proceso de sanación. Deja que fluyan las palabras y no las juzgues.

Nota cualquier cambio en tus pensamientos o en tu energía y apúntalo en tu diario. Presta atención a cómo te sientes a lo largo del día. ¿Te sientes más ligero, más feliz o aliviado? Capta lo que sientes hacia la persona que has elegido perdonar y cómo interactúas con los demás.

Ten cuidado de no juzgar tu proceso. Si todavía estás muy enfadado, resentido o herido después de los dos días de meditación, no pasa nada. La reacción a la meditación no es buena ni mala. Confía en el proceso y persiste para recibir milagros.

Día 3

Cuando llevamos con nosotros un juicio, reprimimos la ira y el enfado que no nos dejamos sentir. Empecé a darme cuenta de esto cuando me sentaba a meditar para soltar un juicio. Me enfocaba en la respiración o en el mantra y comenzaba a relajarme en la meditación. Pero, en cuestión de minutos, volvían los pensamientos negativos y el juicio. Era casi como si fuera adicta a ellos. Estos pensamientos me incomodaban física y emocionalmente, de modo que trataba de reprimirlos. Volvía por la fuerza a la respiración o al mantra para evitar sentir la incomodidad del pensamiento. Si bien esto ayudó un poco en el momento, nunca me sentía aliviada al acabar la meditación. Más bien me quedaba todavía más agitada.

Una mañana, mientras meditaba, conecté con la respiración y dirigí mi atención hacia dentro. Como era de esperar, salió a la superficie un pensamiento de juicio, y toda mi atención, mi energía y mis emociones se reorientaron hacia él. Pude sentir que mi energía se debilitaba y la respiración se acortaba. Salieron a la superficie la frustración, el enfado y la furia. Cuando la frustración alcanzó su cota máxima, recibí una intervención espiritual. Me llegó una visión. Me vi cuando era una niña pequeña bañándome en las olas del mar. Recordé que mi padre me había enseñado que, si te resistes a la ola, te tumba, pero si te zambulles en ella, puedes salir por el otro lado. Me encantaba sumergirme en las olas; era una danza preciosa con el mar. Entraba en el inmenso mar, lleno de agua que no podía controlar, y me sentía libre. Esta imagen me llevó a un pensamiento: ¿y si simplemente me zambullía en la emoción en lugar de resistirme a ella? Hice caso de esta idea y empecé a inspirar profundamente la ola de la emoción. Al inspirar, me visualicé zambulléndome en la ola. Inspiraba y sentía toda la emoción, y, al espirar, salía por el otro lado. A los pocos momentos empecé a sentirme aliviada. Me sentía libre porque ya no tenía que reprimir ni controlar las emociones. Podía inspirarlas y sumergirme plena y completamente en ellas. Pasé veinte minutos zambulléndome en las emociones y saliendo por el otro lado. Como ya no las juzgaba, podía respirar a través de ellas. Esta práctica cambió mi relación con el enfado para siempre. Aprendí que, si lo honraba, podía salir por el otro lado.

Llamé a esta práctica meditación para cabalgar las olas de la emoción. Es perfecta para sanar el patrón de juicio porque nos ayuda a honrar los sentimientos que subyacen al ataque. Es posible que estos sentimientos no tengan nada que ver con el juicio. Tal vez hayas usado el juicio para anestesiar esos sentimientos, puesto que enfocar la energía en el juicio se convierte en una manera de distraerte de la incomodidad que produce el dolor no sanado. La forma más simple de limpiar el juicio es zambullirse en el sentimiento y salir por el otro lado.

Durante este tercer día de la práctica de meditación, sigue la guía y cabalga las olas de tus emociones.

Día 3. Meditación matinal: meditación para cabalgar las olas de la emoción

Siéntate cómodamente en el suelo con las piernas cruzadas o en una silla con la espalda erguida.
Lleva los hombros hacia atrás y cierra los ojos con suavidad.
Toma una inspiración profunda.

Al inspirar, honra todos los sentimientos que surjan en ti.

Al espirar, libéralos.

Toma otra inspiración profunda.

Al inspirar, honra todos los sentimientos que surjan en ti.

Al espirar, libéralos.

Inspira.

Y honra todos los sentimientos que surjan en ti.

Al espirar, libera.

Continúa con este ciclo de respiración a lo largo de la meditación.

Empieza a visualizarte en un mar azul de cristal.

El agua está caliente y agradable.

No hay nadie a tu alrededor.

Al mirar al mar, ves una serie de olas que vienen hacia ti.

Estas olas representan tus emociones.

Ahora tienes el poder de sumergirte en las olas de tus emociones.

No tienes que correr hacia ellas o dejar que te tumben.

Simplemente, ahora, zambúllete en la primera ola.

A medida que cada ola ascienda, toma una inspiración profunda y siente tus emociones.

Al espirar, zambúllete en ella.

Inspira cada ola de emoción y sumérgete plenamente en ella.

Al espirar, sal por el otro lado.

Inspira y zambúllete.

Espira y sal por otro lado.

Comienza a danzar con las olas del mar emocional que
continúan viniendo hacia ti.

Cada ola que se aproxima es más pequeña que la anterior.

Cada vez se hace más fácil zambullirse en las olas.

Con cada respiración, sientes más alivio.

Con el tiempo, las olas empiezan a ralentizarse y a hacerse
más pequeñas.

Con cada respiración, se hace más fácil zambullirse.

El intervalo entre las olas empieza a prolongarse.

Durante ese tiempo tomas respiraciones largas y lentas.

Tu cuerpo empieza a relajarse.

Pronto el mar se aquietará.

Puedes relajarte y respirar.

Respira larga y profundamente, y relájate en la calma del mar.

Siente una suave brisa en tu rostro mientras te tumbas de
espaldas y flotas en el agua.

Flota en un mar de serenidad.

Estás en calma. Estás en paz.

Toma una última inspiración.

Cuando estés preparado, abre los ojos.

Espero que esta práctica te aporte tanta alegría y serenidad
como a mí. Recurro a ella cada vez que me absorbe el ciclo del
juicio. Honrar tus sentimientos te liberará de la necesidad de
juzgar. Aliviará tu ansiedad y el enfado inconsciente al aportar
una presencia de alivio y quietud. Cuando estás en paz, no hay

negatividad que proyectar hacia fuera. Tal vez esta meditación se convierta en una práctica regular a la que recurras cada día para limpiar tu energía y soltar el estrés emocional.

Día 4

La meditación del cuarto día, la meditación del mantra, te acercará a tu verdad y reordenará tus hábitos. Puede mejorar tu concentración y llevar calma incluso a la mente más fragmentada. En esta meditación usarás el mantra kundalini *sat nam*, que se traduce como «la verdad es mi nombre». Las meditaciones basadas en mantras reorientan suavemente tus pensamientos lejos del parloteo del ego y los devuelven a un estado de paz.

Cuando meditas con un mantra, tienes la oportunidad de experimentar un estado de relajación trascendente. En dicho estado rebajas los niveles de cortisol y reorganizas el sistema nervioso. Al practicar regularmente la meditación con el mantra *sat nam*, eres capaz de cambiar viejos hábitos.

El mantra mismo tiene propiedades sanadoras. La palabra *sat* lleva tus pensamientos a un estado elevado para que tu conciencia alcance el reino espiritual. La palabra *nam* trae la conciencia superior a tu experiencia corporal. Cuando cantas el mantra *sat nam*, invitas a la verdad del espíritu a entrar en tu experiencia física. Alinearte con esta verdad trae más luz a tu conciencia física y te ayuda a identificarte más íntimamente con el amor que eres.

Aunque uses un mantra, notarás que los pensamientos siguen colándose en tu meditación. Eso está bien. Simplemente observa el pensamiento y vuelve al mantra con calma. No es malo que surjan muchos pensamientos durante la práctica. Esto recibe el nombre de meditación activa. Puede parecer que los pensamientos no tienen nada que ver con tus juicios, pero surgen en tu meditación porque alguna necesidad energética tiene que liberarse. Esta práctica te aportará grandes beneficios físicos y emocionales, al margen de lo que ocurra mientas practicas. Sigue las instrucciones que ofrezco a continuación cuando estés listo para practicar la meditación del cuarto día.

Día 4. Meditación matinal: meditación del mantra

Siéntate cómodamente en el suelo con las piernas cruzadas, o en una silla con la espalda erguida.

Cierra los ojos con suavidad y enfócate delicadamente en el espacio entre las cejas (el punto del tercer ojo).

Empieza a repetir el mantra:

«Sat nam.»

«Sat nam.»

Respira larga y profundamente mientras continúas repitiendo el mantra.

«Sat nam.»

«Sat nam.»

Si tus pensamientos se desvían, vuelve al mantra con calma.

«Sat nam.»

«Sat nam.»

Permanece sentado entre uno y veinte minutos, mientras repites el mantra.

Cuando hayas completado la meditación, abre los ojos con suavidad y deja que tu vista descanse justo delante de ti. No mires el teléfono ni salgas rápidamente de la meditación. Descansa durante uno o dos minutos y permite que tu cuerpo se reintegre.

Es posible que poco después de esta meditación te sientas muy energizado. Las meditaciones basadas en mantras tiene el poder de rebajar significativamente los niveles de estrés y de hacer que uno se sienta relajado. Si has practicado durante más de diez minutos, es probable que experimentes un gran alivio. Al repetir el mantra *sat nam* te permites ahondar en la conexión con tu propia verdad. Después de la meditación, presta atención a cómo te sientes a lo largo del día. Es posible que estés menos irritable, que tengas más energía y que juzgues mucho menos. Si notas que estás a punto de tener un pensamiento de juicio, simplemente repite el mantra *sat nam* y vuelve a casa. Cuando hayas completado los seis días de esta serie de meditaciones, es posible que desees volver a esta práctica y que quieras considerarla tu meditación principal. Esta es una práctica fácil que te ayudará a aquietar la mente ajetreada y a regresar a la paz.

Día 5

La meditación del mantra te ha preparado para poder sentir un alivio mayor. La siguiente práctica te acercará a la conexión con la unicidad. Todos anhelamos la unidad en nuestras relaciones porque, en el fondo, sabemos que todos somos lo mismo. Todos queremos sentirnos conectados y felices, y todos nos desviamos hacia el juicio.

Compartí la meditación para la unidad en mi último libro, *El universo te cubre las espaldas*. Muchos lectores comentaron que habían experimentado cambios transformadores cuando se habían rendido a la unidad a través de esta práctica. El *feedback* fue tan abrumador que la he incluido en este paso para que te acerques a la experiencia de unicidad y de deshacer el juicio.

Esta meditación te hará sentir más interconectado y de regreso a tu verdadera esencia.

Día 5. Meditación matinal: meditación para la unidad

Siéntate cómodamente en el suelo con las piernas cruzadas.

Aprieta el puño de la mano derecha. Apunta con el dedo índice hacia arriba y ponte la mano derecha en medio del pecho.

Cierra los ojos y enfócate en el punto del tercer ojo (entrecejo).

Te recomiendo que durante esta meditación escuches la canción *I Am Thine*, de Jai-Jagdeesh. Puedes acceder a ella en GabbyBernstein.com/bookresources.

El mantra es «*humee hum, tumee tum, wahe guru*, soy tuyo, en mí mismo, yo mismo, *wahe guru*».

Esta meditación celebra nuestra conexión con otros a través de la conexión compartida con el universo. *Humee hum* nos sintoniza con la propia conciencia. *Tumee tum* es la aceptación de que somos uno con la conciencia del otro. *Wahe guru* significa que todos estamos conectados con el universo. Después cantamos «yo soy tuyo, en mí mismo» para proyectar la conciencia de nuestro yo personal hacia el yo infinito. Las palabras «yo mismo» confirman que somos uno con el universo. Finalmente, celebramos esta conexión universal con *wahe guru*.

Canta con la música durante once minutos.

Lo que me encanta del kundalini yoga y de la meditación son los mantras: me ayudan a recordar la interconexión del universo. Si no has cantado mantras largos anteriormente, te animo a intentarlo. Elegí esta meditación kundalini específica para que tengas una experiencia íntima de lo que se siente al derribar los muros de la separación y realinearse con la unicidad en las relaciones.

Después de esta meditación, saca el diario y escribe libremente sobre tu experiencia durante cinco minutos. Deja que fluya el bolígrafo y permite que tu guía interna escriba a través de ti. Observa las palabras que aparecen y celebra cualquier momento de unicidad que se haya producido.

Luego, a lo largo del día, presta atención a cómo te sientes. Tal vez te sientas más amoroso, bondadoso o compasivo. Tal vez te sientas más íntimamente conectado con la gente. Observa el efecto que tiene esta meditación sobre ti y siéntete orgulloso de tu compromiso de contemplar la unidad. Tras practicarla, sentirás un cambio en tu ser interno. Ten fe en el poder del mantra y en tu intención que vibra detrás de él. Cuando cantas en voz alta, haces una declaración al universo de que estás preparado para sanar. Presta atención a los milagros que surjan.

Día 6

La meditación final te ayudará a contemplar a la persona que has juzgado como si la vieras por primera vez. Uso esta meditación cuando necesito que se me recuerde nuestra verdadera unidad y cuando quiero soltar las pretensiones e ilusiones que he depositado en alguien. Todos tenemos una esencia compartida que está más allá de lo físico. Reconectar con la esencial espiritual del otro lo libera de los juicios e historias que hemos depositado en él. Puedes soltarlo de tu anzuelo y al mismo tiempo liberarte de tu propio sufrimiento. La llamo la meditación de los grandes rayos.

Día 6. Meditación matinal: meditación de los grandes rayos

Cierra los ojos.

Siéntate erguido en una silla o en el suelo con las palmas de las manos vueltas hacia arriba.

Inspira.

Espira.

Inspira.

Espira.

Continúa con este ciclo de respiración a medida que profundizas más y más en un estado de relajación.

Trae a tu mente la relación que has juzgado.

Dirígete a la persona sentada delante de ti.

Identifica el área de tu cuerpo donde sientes incomodidad con relación a esa persona.

Inspira profundamente hacia esa zona de tu cuerpo.

Al espirar, suelta.

Lleva la respiración dentro de esa sensación.

Espira.

Continúa con este ciclo de respiración.

En silencio, ofrece este juicio al cuidado de tu guía interna por medio de una oración: «Entrego este miedo a mi guía interna para que se produzca la transformación. Doy la bienvenida a la guía».

Inspira: «Te veo en la luz».

Espira: «Suelto el temor».

Inspira: «Elijo el amor y la luz».

Espira: «Te acepto».

Inspira: «Doy la bienvenida a los grandes rayos de luz sanadora».

Espira: «Lo único que veo es luz».

Continúa con estos mantras y permite que la guía interna dirija tus pensamientos de vuelta al amor y la luz.

A medida que repitas los mantras, comienza a ver los grandes rayos de luz que se vierten sobre vuestros cuerpos.

Con cada inspiración y espiración, los grandes rayos de luz se expanden.

Con el tiempo, lo único que ves es luz.

Repite los mantras e invoca la luz:

Inspira: «Te veo en la luz».

Espira: «Suelto el temor».

Inspira: «Elijo el amor y la luz».

Espira: «Te acepto».

Inspira: «Doy la bienvenida a los grandes rayos de luz sanadora».

Espira: «Lo único que veo es luz».

Relájate en la experiencia de la luz y deja que se apodere de tu conciencia.

Deja que la luz disuelva tu juicio.

La luz libera tu ataque.

La luz borra todo error.

La luz te devuelve al amor.

Lo único que ves es luz.

Siéntate aquietado y disfruta de esta experiencia durante todo el tiempo que desees.

Cuando estés listo para salir de la meditación, toma una inspiración profunda y suelta.

A continuación, abre los ojos lentamente.

Concédete uno o dos minutos para reintegrarte en tu cuerpo.

Permite que los sentimientos surgidos en la meditación se muevan a través de ti.

Esta meditación tiene una enorme capacidad sanadora. De hecho, puede cambiar tu percepción de otra persona para siempre. Cuando ves a alguien en la luz, recuerdas quién es en realidad. Esta meditación sustenta la práctica de ver a alguien por primera vez.

En nuestro núcleo más íntimo todos somos luz y amor. Los grandes rayos de luz representan la unidad y la verdadera conexión. Deja que esta imagen represente tu alineamiento con el amor que está dentro de ti. Cuando te veas a ti mismo y veas a otro en los grandes rayos de luz, habrás retornado a tu verdadera esencia.

Tras la meditación, lleva la imagen de los grandes rayos contigo a lo largo del día. Cuando pienses en la persona a la que has juzgado, recupera la imagen de esos grandes rayos. Cuando surja un nuevo juicio, cierra los ojos e imagina que te abres camino hasta los grandes rayos de luz.

Es posible que decidas integrar esta meditación en tu práctica de cada día. Cuanta mayor sea tu continuidad en la meditación de los grandes rayos, más fácil te será acudir a ellos para sanarte. Los grandes rayos se convertirán en mucho más que una imagen. Representarán la libertad del juicio y una línea de comunicación directa con el amor.

Como los rayos de sol brillan sobre ti, los grandes rayos son luz (no física) que irradia la presencia del amor interno. Sanamos la relación con otros o con nosotros mismos al mirar más allá de la oscuridad de los cuerpos hacia los rayos de luz que están en el interior de todos. Esta meditación te alinea con tu verdadera percepción, que es la visión sutil. Cuando ves a alguien como esta luz que no es física, has elegido la identificación espiritual y has recordado que todos somos esencia de amor. No somos nuestras historias, dramas ni equivocaciones. Somos amor.

Toma nota de cómo te sientes después de esta meditación. Es posible que llores de alivio; es posible que sientas la energía del amor; es posible que sientas que empieza a instaurarse el perdón.

TE RECOMIENDO que no te saltes ninguna meditación de esta serie. Están diseñadas para tener un efecto acumulativo a medida que sueltas las energías que te atan al juicio. Tras completar las seis meditaciones, elige una para practicarla cada día.

Incluso cinco minutos de meditación por la mañana pueden recalibrar tu mente y tu energía para el resto del día. La meditación es la manera de reconectar con la naturaleza amorosa que está dentro de nosotros.

Tengo la esperanza de que la meditación se convierta en parte importante de tu práctica espiritual. Ella nos permite ralentizar la mente, reorganizar la energía y dejar espacio para que funcione nuestro sistema de guía interna. Pero tenemos que desacelerarnos para poder sintonizar. El ego se resistirá a la meditación; ahora bien, recuerda que cualquier cosa a la que el ego se resista es, de hecho, lo que tu espíritu necesita. Cuanto más hagas de la meditación un hábito cotidiano, tanto más se debilitará la resistencia del ego. Llegarás a confiar en la meditación para sentirte conectado con el amor.

Esta serie de meditaciones te ha preparado para el paso 6 de la desintoxicación del juicio. En este último paso entregarás por completo tu experiencia al espíritu y permitirás que se ponga en marcha la sanación espiritual. Permanece abierto y dispuesto a que el amor entre en tu mente. El paso 6 es el más pasivo y, sin embargo, el más poderoso de la desintoxicación del juicio. Prepárate para sentirte libre y completo con la práctica que vas a realizar a continuación.

Lleva tus sombras a la luz

Muy al principio de mi camino de crecimiento personal y de desarrollo espiritual, me hice estudiante de *Un curso de milagros*. El *Curso* es un texto espiritual que trata sobre cómo deshacer el miedo y recordar el amor a través de la práctica del perdón. Si bien el texto puede parecer intimidante a los estudiantes nuevos (es largo y buena parte del léxico no resulta familiar), muy pronto me di cuenta de que su mensaje es muy simple: observa tu temor, ofrécelo a tu guía interna para sanarlo y deja que el perdón te conduzca a los milagros. Me llenó de alegría comprobar lo eficaz que es esta práctica, y experimenté cambios muy bellos al practicar las enseñanzas del *Curso*. Creo que lo que más resonaba conmigo era su énfasis en el perdón. Comencé a intentar aplicarlo a todas mis relaciones.

Si bien las lecciones del *Curso* son relativamente simples, su aplicación puede resultar compleja. Por ejemplo, resulta fácil sugerir a alguien que perdone a su jefe por no darle un aumento o a su compañera de habitación por ser desordenada. Pero ¿cómo se perdona un acto terrible y traumático?

Me resultaba particularmente difícil mantener mi compromiso con mi comprensión del perdón cuando algunos miembros del público me preguntaban cómo podían perdonar a alguien que les había hecho algo en verdad terrible: por ejemplo, a quien los había violado o al conductor borracho que había matado a un hijo. Francamente, cuando me planteaba cómo responder ante estas historias tan trágicas, me sentía perpleja.

Abrumada por este dilema, volví al *Curso* para pedir guía. En esta ocasión estaba preparada para conocer el verdadero significado del perdón y dejar que el mensaje del *Curso* calara en mí. (Había descubierto que, cada vez que volvía a una lección del *Curso*, la veía con ojos nuevos, y esta vez no fue diferente.) Entendí que el perdón requiere estar dispuesto a ver la luz en la oscuridad y a reemplazar el pecado por el amor. Si no estamos decididos a perdonar, la mente permanece cerrada y protege a toda costa la percepción de culpa.

El *Curso* dice:

Un pensamiento que no perdona hace muchas cosas. Persigue su objetivo frenéticamente, retorciendo y volcando todo aquello que cree que se interpone en su camino. Su propósito es distorsionar, lo cual es también el medio por el que procura alcanzar ese propósito. Se dedica con furia a arrasar la realidad, sin ningún miramiento por nada que parezca contradecir su punto de vista. El perdón, en cambio, es tranquilo y sosegado, y no hace nada. No ofende ningún aspecto de la realidad ni busca tergiversarla para que adquiera apariencias que a él le gusten. Simplemente observa, espera y no juzga. El que no perdona se ve obligado a juzgar, pues tiene que justificar no haber perdonado. Pero aquel que ha de perdonarse a sí mismo debe aprender a darle la bienvenida a la verdad exactamente como esta es.

Nuestra falta de disposición a perdonar (incluso los sucesos más horribles) es lo que nos mantiene en el ciclo del juicio. Juzgamos a otros porque creemos que así nos protegemos de los sucesos del pasado. Después nos juzgamos a nosotros mismos por juzgar. En el caso de sucesos muy traumáticos, es posible sentir que juzgar al agresor está justificado, pero ese juicio nos impide estar en paz. Mantiene las heridas traumáticas abiertas y seguimos percibiéndonos como víctimas. La liberación del juicio requiere estar dispuesto a perdonar. Sin perdón, seguimos viviendo en las sombras del pasado y en las proyecciones del futuro.

Esto no implica que tengamos que perdonar de inmediato. Solo debemos estar dispuestos a perdonar. La disposición es suficiente para abrir la puerta al perdón. Si estamos dispuestos, el espíritu oye nuestra llamada y guía nuestro camino. El *Curso* dice: «No hagas nada, pues, y deja que el perdón te muestre lo que debes hacer». Mirar la separación y los juicios a través de la lente del maestro interno hace posible el perdón. El espíritu nos llevará a ver que lo que percibimos que otros nos han hecho es lo que continuamos haciéndonos a nosotros mismos. La negativa a perdonar mantiene vivo el miedo. En cuanto estamos dispuestos, el espíritu entra e invierte los efectos del juicio y del miedo.

Volví a mi público y enseñé a perdonar con esta comprensión ampliada. Invité a las personas a estar dispuestas a sentirse libres, a soltar su historia de víctimas y a sentirse más felices y seguras. En último término, perdonar a otros nos libera de la carga de juzgarlos. Al estar dispuestos a perdonar —aunque no estemos seguros de cómo ocurrirá o del tiempo que llevará—, nos permitimos empezar a sanar. Perdonar no significa soltar del anzuelo a alguien que te dañó seriamente, y tampoco significa tener a esa persona en tu vida. Pero no necesitas dedicar energía a juzgarla. En lugar de eso, eres libre. A nadie le quedaron dudas cuando sugerí que esta libertad está disponible. El deseo de ser libres de las personas superaba con mucho su resistencia a perdonar. Y como lo único que les pedía era que estuvieran dispuestas, se sintieron confiadas y seguras para iniciar el proceso. Aceptaron la verdad de que el perdón no es algo que tengamos que descifrar o esforzarnos por conseguir. Es un regalo que se otorga a cualquiera que lo desee de verdad.

Encuentras perdón al contemplar al ego con los ojos de tu guía interna. Cuando observas tu ego a través de esta lente de amor, ves el mundo con más delicadeza y paciencia. La esencia del perdón es mirar tus juicios sin ataque, culpa ni miedo.

Estar dispuesto a perdonar lleva la oscuridad de tus ilusiones a la luz de la verdad. Cuando decides exponer tu miedo ante el espíritu para que lo sane, deshaces la negación y el juicio. Si te aferras al juicio, lo mantienes en los rincones oscuros de tu mente, donde no puede deshacerse. Vivir en la oscuridad lleva a la resistencia y a la lucha. Cuando dejas que la luz brille dentro de ti, permites que se produzca la verdadera sanación.

La desintoxicación del juicio concluye con este último paso del perdón. Los pasos del 1 al 5 te ayudaron a ser más compasivo contigo mismo y con los demás. Observar tus juicios y honrar tus heridas te dio libertad para comenzar el proceso de sanación. Dejar los juicio al cuidado de la guía interna a través de la oración empezó a abrir la puerta a la guía espiritual. La práctica de ver por primera vez te enseñó el verdadero significado de la compasión. Y la meditación se convirtió en tu herramienta de transformación para restaurar tu fe en la unicidad. Completamos el proceso recurriendo al perdón para que tu liberación sea completa.

Los pasos del perdón son simples, pero tu ego se resistirá a esta simplicidad e intentará convencerte de que en realidad el perdón no está a tu alcance. Cuando surja esta resistencia, ríete de las ideas locas del ego y acepta que no tienes nada que alcanzar. Los únicos esfuerzos que se requieren son estar dispuesto a perdonar y desear la alegría eterna. Sigue las instrucciones que se facilitan a continuación y ríndete al perdón.

EL CAMINO HACIA EL PERDÓN

El «Libro de ejercicios» de *Un curso de milagros* dice [L-23.pI.5.1.4]:

No estás atrapado en el mundo que ves porque su causa se puede cambiar. Este cambio requiere, en primer lugar, que se identifique la causa y luego que se abandone, de modo que pueda ser reemplazada. Los dos primeros pasos de este proceso requieren tu cooperación. El paso final, no.

El perdón consiste en tres pasos que guían el juicio de vuelta al amor. Deja a un lado la resistencia, sigue esta guía y sé testigo de los milagros. Siéntete apoyado por todo el trabajo y el aprendizaje que has realizado hasta ahora. Y cuando notes que el ego surge en este último paso, recupera la disposición de ser libre y estar alegre. Recuerda que lo único que necesitas es estar dispuesto.

El primer paso del perdón es exponer tu ego. Lo haces al traer a la conciencia las elecciones dirigidas por la mente errada. ¿Cuáles son las elecciones de la mente errada? Cualquier ocasión en la que hayas juzgado a otro o a ti mismo. Ahora sabes que cualquier cosa que hayas juzgado en otra persona también la has juzgado en ti. No obstante, tu ego trabaja sin descanso para convencerte de que el origen de tus aprietos es alguna fuerza externa, y no el torbellino interno. En consecuencia, conviertes a otros en ídolos, creas relaciones especiales, juegas a ser víctima y vives en el futuro mientras escuchas lo que te cuenta el ego sobre problemas externos a ti. Debes aprender a aceptar que, cuando la mente del ego guía tu yo, juzga; pero, cuando la mente del espíritu lo impulsa, ama. Tu trabajo consiste en cuestionar el sistema de pensamiento del ego para entender que no debes juzgar ni atacar, solo debes cambiar tu percepción del mundo.

Cuando notes que empiezas a juzgar, la práctica consiste simplemente en pivotar : en cuanto observes que reaccionas con el ego y el juicio, detente y expón delicadamente esa reacción ante la guía interna. Una vez que hayas entrenado tu mente para exponer al ego, será cada vez más fácil pensar con el espíritu. Un gran maestro del *Curso* llamado David Hoffmeister enseña que, cuando la oscuridad surge en ti, en lugar de reaccionar de un modo impulsivo, puedes darle la bienvenida. Cuando te parezca que atraviesas una dificultad, y el ego te juzgue y reaccione, sentirás ganas de retirarte y esconderte. David sugiere que dejes espacio a la ilusión del ego, aunque te resulte terrorífica. Al margen de cómo la sientas, permanece dispuesto a llevar esa dificultad a la luz. El ego hará todo lo que esté en su mano para justificarla. Y a veces sus argumentos te resultarán convincentes. Pero el camino del perdón consiste en llevar las ilusiones del ego ante la luz.

El segundo paso es aceptar que te has equivocado al elegir y volver a escoger. Debemos contemplar nuestro juicio como una proyección de la culpa, el pecado y el sufrimiento que percibimos en nosotros mismos. Y debemos ver que el hábito de colocar el sufrimiento fuera es una elección nuestra. Entramos en el ciclo del juicio cuando optamos por ser víctimas del mundo y proteger nuestro dolor. Pero, detrás del velo de culpa y pecado, está el amor, que solo podemos experimentar si lo escogemos. El *Curso* dice: «He elegido equivocadamente con respecto a mí mismo, y ahora deseo hacer otra elección. Esta vez elijo con el Espíritu Santo, y dejo que Él escoja la inocencia en mi nombre».

Este paso nos empodera. Observa las elecciones temerosas que has hecho y elige una visión espiritual. Decide que ya no vas a tolerar las ilusiones del ego. Como dice *Un curso de milagros*: «Eres demasiado tolerante con las divagaciones de tu mente».

El tercer paso es pedir ayuda. Pide al espíritu que haga por ti lo que no puedes hacer por ti mismo. Suspende las creencias del ego y acepta la sanación espiritual, que es rendición espiritual. Al rendirte a tu deseo de perdonar y entregárselo al espíritu para que te guíe, dejas brillar el amor en tu conciencia. Permanece dispuesto a que el espíritu se una a tu mente y traiga consigo el poder del amor. Es lo único que se necesita. Tu parte en este paso es decirle al espíritu que estás dispuesto a eliminar el miedo, el juicio y el ataque, y a reemplazarlos por el perdón.

Una oración preciosa de *Un curso de milagros* fortalece este paso. Recítala cuando te sientas desalineado con los pensamientos de amor y estés dispuesto a perdonar.

Debo haber decidido equivocadamente porque no estoy en paz.
Yo mismo tomé esa decisión, por lo tanto, puedo tomar otra.
Quiero tomar otra decisión porque deseo estar en paz.
No me siento culpable porque el Espíritu Santo, si se lo permito, anulará todas las consecuencias de mi decisión equivocada.
Elijo permitírselo al dejar que él decida a favor de Dios por mí.

Cuando estamos dispuesto a invertir en el amor, permitimos la entrada del espíritu. Pero el espíritu no toma de nosotros lo que no queremos darle. Si estamos dispuestos a perdonar, el espíritu puede tomar nuestra vergüenza, culpa y pecado y ayudarnos a ver amor en su lugar.

Si has llegado a este punto, has elegido la felicidad sobre el juicio y el amor en lugar del miedo. Estás preparado para vivir con más gracia y para aceptar que la única elección cuerda es la de una vida de paz y alegría.

Cuando entregas tus juicios al espíritu y das la bienvenida al perdón, empiezan a producirse sincronicidades preciosas. Es posible que de repente recibas un *email* de la persona a la que has juzgado, ¡o incluso que te encuentres con ella por la calle! A veces el perdón espiritual llega a través de la quietud meditativa, como cuando yo fui guiada intuitivamente a enviar amor a mi amigo, y cuando salí de la meditación vi que me había enviado un mensaje de texto. Gracias a esa meditación, fui capaz de cambiar de energía y de soltar el resentimiento.

El perdón llega de maneras inesperadas. Mientras practiques estos pasos, conserva la paciencia y la fe en que el alivio viene de camino. Tu ser interno anhela alinearse con el amor, y en el momento en que pidas ayuda al espíritu, ese alineamiento se pondrá en marcha. Relájate con la certeza de que tu deseo de perdonar es suficiente, y de que el espíritu te mostrará el camino.

Por supuesto, perdonar no significa mirar hacia otro lado y mantener silencio ante las injusticias. Como parte de tu práctica, el espíritu puede guiarte a expresarte. En muchos casos serás guiado a enviar una carta a alguien para explicarle tu experiencia, y al mismo tiempo aceptarás a esa persona tal como es.

Asimismo, perdonar no significa que tengas que quedarte cerca de la persona perdonada. Puedes perdonar a tu marido por su abuso y tener la certeza absoluta de que no quieres seguir casada con él. Recuerda, el perdón es una bendición para *ti*. Cuando sueltas, te liberas de la tensión y del trauma que te mantienen atascada en una vibración de bajo nivel. Al liberar esa tensión, limpias tu campo energético para crear vida nueva y milagrosa.

Repasemos este proceso: aplica estos tres pasos rápidamente y en silencio cuando notes que te desvías hacia el miedo.

1. Expón el ego y ve cuál es tu parte en la proyección de culpa y pecado sobre otros.
2. Permanece dispuesto a volver a elegir.
3. Invita al espíritu a entrar en tu mente a través del perdón.

Recuerda que el *Curso* dice [L-23.pI.5.1.4]:

No estás atrapado en el mundo que ves porque su causa se puede cambiar. Este cambio requiere, en primer lugar, que se identifique la causa y, luego, que se abandone, de modo que pueda ser reemplazada. Los dos primeros pasos de este proceso requieren tu cooperación. El paso final, no.

Espero que aceptar la simplicidad del perdón te ofrezca un alivio considerable. ¿Puedes ahora entender que en realidad no «aplicas el perdón» en absoluto? Lo único que haces es estar dispuesto a ver amor y dejar que el espíritu te muestre el camino.

Es el momento de que empieces a practicar el perdón. Repasa las notas del paso 1 de la desintoxicación del juicio y mira las primeras ofensas y juicios que documentaste. Es probable que muchos de ellos hayan empezado a sanar como resultado de los pasos anteriores. Pero el perdón sigue siendo necesario para permitir la sanación completa. Abre el cuaderno y dibuja tres columnas. Sigue estas instrucciones.

En la columna 1 anota a la persona a la que has juzgado y cómo te ha hecho sentir (recuerda, esa persona puedes ser tú). Mira de cerca cómo el juicio ha creado más enfado, miedo y frustración en tu vida. En la columna 2 anota por qué estás dispuesto a elegir de nuevo. En la última columna anota tu oración. Puedes usar la oración de *Un curso de milagros* o crear otra. Mientras escribes, deja tu juicio en manos de tu guía interna para perdonarlo.

Aquí hay un ejemplo del aspecto que puede tener cada columna:

Paso 1: ¿A quién has juzgado y cómo te hace sentir eso?	Paso 2: Elige de nuevo y escribe sobre por qué estás dispuesto a dejarlo ir.	Paso 3: Pide al espíritu que te ayude a perdonar.
He juzgado a mi compañero de trabajo por hacerme sentir sin apoyo. Este juicio me ha impedido sentirme feliz en el entorno laboral. Estoy enfadado cada día y no puedo dejar de pensar en cómo vengarme de él. Este problema me consume y lo llevo a casa conmigo. Afecta a mis relaciones con mi familia porque siempre me estoy quejando de lo molesto que me siento.	Elijo perdonar a esta persona para sentirme mejor. Sé que cuando deje correr el resentimiento tendré más tiempo para mi familia, mi trabajo y para mí mismo. Cuando suelte este resentimiento, también me liberaré a mí.	Guía interna, gracias por tomar esto de mí. Estoy dispuesto a entregar esta oscuridad a la luz y a verla con amor y paz.

Poner el bolígrafo sobre el papel es una oración. Es una ofrenda. Contemplas tu juicio con humildad, eliges otra vez y después rezas para que el juicio sea reemplazado por amor. Cuando practiques este paso, trabaja con un juicio cada vez. Te recomiendo que des este paso con lentitud y que prestes atención a cómo te sientes a lo largo de los días siguientes. Con el tiempo adquirirás tanta habilidad que ni siquiera necesitarás anotarlo y, cuando estés dispuesto a perdonar, podrás ver las tres columnas en tu mente.

El perdón es una práctica que se hace más fácil con el tiempo. El miedo ha sido tu hábito, pero hoy el perdón puede empezar a reemplazarlo. Lleva esta práctica a cada juicio que tengas, pero te recomiendo comenzar con juicios menores y menos cargados emocionalmente. Puedes empezar con el pensamiento de juicio que dirigiste a un vendedor que te cobró demasiado o a un profesor que te hizo sentir inadecuado. Dedica tiempo a practicar este paso con juicios que te parezca fácil soltar. Con el tiempo te sentirás cada vez más cómodo con esta práctica, y al final serás capaz de llevar el perdón incluso a los problemas más acuciantes.

LA PROMESA DEL PERDÓN

La promesa del perdón consiste en verse libre de las ataduras del juicio y del ataque. El perdón tiende un puente desde el miedo hacia el amor, y restaura la conexión con el amor del universo. Al dar la bienvenida al perdón, renuncias al miedo y recuerdas el amor. Los ojos que perdonan solo ven luz.

Hay muchas historias de perdón radical. Una de las que se me han quedado grabadas es la de una mujer llamada Scarlett Lewis. Conocí a Scarlett detrás del escenario un día que ambas teníamos que dar una conferencia en un encuentro. Entonces compartíamos editor y estábamos esperando nuestro turno entre los oradores. Había oído hablar sobre su historia y sobre su libro debido a su relación con la matanza acaecida en la escuela primaria de Sandy Hook. El 14 de diciembre de 2012, Scarlett perdió a su hijo de seis años, Jesse, cuando Adam Lanza entró en la escuela de Sandy Hook, en Newtown, Connecticut, y mató a veinte niños y seis adultos antes de dirigir su arma contra sí mismo.

Tras esta pérdida inimaginable, Scarlett buscó la curación en la esperanza y en la fe. Canalizó su deseo de perdonar hacia un libro transformador titulado *Nurturing Healing Love: A Mother's Journey of Hope and Forgiveness*. A pesar de toda la furia, la pena y la devastación que acompañaron esta tragedia, Scarlett encontró la manera de perdonar.

En sus palabras:

El perdón es una aspecto central de mi resiliencia. Poco después del incidente, vino a mi casa una trabajadora social. Arrodillándose, y con la mano en mi rodilla, me dijo: «Sé cómo te sientes;

yo también he perdido a mi hijo y estoy aquí para decirte que el dolor nunca mejorará».

En ese momento pensé: «Ese no va a ser mi camino en absoluto».

Y elegí el camino del perdón. Inicialmente sentía como si el hombre que había disparado estuviera pegado a mí por algún tipo de cordón umbilical que absorbía toda mi energía. El perdón fue como si me dieran un par de tijeras para cortar el vínculo y recuperar mi poder personal. Comenzó con una elección, y después se convirtió en un proceso sin un final preciso. Un día puedo perdonar y al siguiente oigo un detalle de lo ocurrido en el aula y vuelvo a estar enfadada.

También he tenido que perdonar a la madre de Adam Lanza, que sin darse cuenta lo armó y desoyó el consejo médico de que él no debía estar aislado. En la comunidad hay mucha ira contra ella, pero yo puedo identificarme con ella porque ambas hemos sido madres solteras. Ella pagó por sus errores. Él le disparó antes de dirigirse a la escuela.

En el funeral de Jesse apremié a todo el mundo para que eligieran el amor en lugar del odio. Dije: «Esta tragedia empezó con un pensamiento de enfado en la cabeza del hombre que disparó, que creció hasta convertirse en furia y después en violencia. De modo que, por favor, honrad la memoria de Jesse cambiando conscientemente un pensamiento de enfado por otro de amor para hacer que este sea un mundo mejor».

He llegado a entender que, si Adam Lanza hubiera entendido que él era más que sus pensamientos, y si hubiera recibido el apoyo que necesitaba durante su educación emocional y social, nada de esto habría ocurrido. No nació siendo un asesino de masas. Tuvo problemas en la escuela y, en lugar de ayudarle, la escuela primaria de Sandy Hook pasó el problema a otros. En este sentido, Adam Lanza es nuestra responsabilidad. Ciertamente me siento enfadada con él cuando pienso en el miedo de los niños y en lo que les hizo a sus pequeños cuerpos. Pero, cuando pienso en el dolor que tenía, también soy capaz de sentir compasión.

Tengo la esperanza de que la historia de Scarlett te inspire para encontrar tus propias tijeras y cortar las ataduras del ataque. Si una madre apenada que perdió a su hijo de la manera más horrible posible puede perdonar al asesino, tú también puedes perdonar. Permite que esta historia te fortalezca para abrirte a elegir el perdón y a permitir que comience el proceso.

Una parte esencial de la capacidad de Scarlett para perdonar fue que estaba dispuesta a ver a Adam Lanza con compasión. Fue capaz de ver su enfermedad y de aceptar que estaba severamente trastornado. Conforme reconectas con el espíritu a través de la oración, la compasión pasa a formar parte de tu conciencia. La compasión te da permiso para soltar. Mirar con compasión te ayuda a entender que la gente que hace daño a otros está profundamente herida, o bien carece de la capacidad fundamental de conectarse y amar, lo cual es una tragedia.

Todos tenemos heridas traumáticas. Aceptar el sufrimiento colectivo nos ayuda a ser más compasivos con los demás. También nos ayuda a ser más compasivos con nosotros mismos, y la autocompasión es crucial en el proceso del perdón. A menudo la persona a la que te cuesta más perdonar eres tú mismo. En algunos casos, a la gente le resulta relativamente fácil perdonar a los demás, pero autoperdonarse parece imposible. Cuando empecé a practicar el perdón activamente, noté que sentía mucho alivio al liberar a los otros. Pero después el ego me cegaba: justo cuando empezaba a sentirme mejor por perdonar a otros, el ego redirigía el ataque hacia mí misma. Empecé a juzgarme por juzgar a los demás. Me ataqué por la parte que tenía que ver conmigo de cada situación y me sentí insegura en mi perdón.

Sé consciente de este truco del ego. En cuanto sientas una sensación de alivio, el ego te dará razones para autoatacarte. Cuando esto ocurra, aplícate los pasos del perdón. Reparar la conexión con tu propio ser interno es esencial para sanar tus percepciones. De modo que, cuando surja el juicio hacia ti mismo, míralo de cerca, observa cómo te hace sentir y prepárate para volver a elegir. Estar dispuesto a crecer y a ser feliz es lo que te ha traído hasta este punto. Confía en esto y acepta hoy mismo que ya no quieres estar en guerra contra ti mismo. Muéstrate compasivo contigo mismo honrando todo lo que has vivido. Tal vez descubras que incluso te sientes agradecido por tus experiencias del pasado porque te han traído hasta aquí. He descubierto que, cuando encuentro momentos de alivio en mi camino espiritual, me siento agradecida por las incomodidades que he soportado en el pasado. Acepto que cada experiencia y cada desafío del ego ha formado parte de mi camino de vuelta al amor. Perdono el pasado cuando acepto que ha sido parte del viaje que me ha llevado a este momento. El autoperdón requiere soltar el pasado (y mantenerse abierto al futuro), lo que permite vivir el momento presente con plenitud. En ese instante, cuando sueltas lo que fue y lo que podría ser, puedes elegir la alegría.

Convierte el autoperdón en una prioridad aplicándote los pasos del perdón. Tómate un momento para abrir tu diario y escribir libremente sobre estos temas.

Paso 1: ¿En qué aspectos no te has perdonado a ti mismo y cómo te hace sentir eso?	Paso 2: Vuelve a elegir y escribe sobre por qué estás dispuesto a dejarlo ir.	Paso 3: Pide al espíritu que te ayude a perdonarte.

Podrías pensar en una serie de cosas que no te has perdonado a ti mismo. Si es así, haz una lista con ellas, rellena las columnas correspondientes y ofrécelas al espíritu. El ego hará lo que sea para juzgarte y atacarte a fin de mantenerte en el ciclo de la culpa, pero la manera más clara de eludirlo es mediante el perdón. En definitiva, podrías descubrir que perdonarte a ti mismo es la parte más profunda de este viaje.

En el ámbito espiritual, el autoperdón es el proceso de cambiar la percepción de la identificación con el cuerpo a la identificación con el espíritu. Cuando suspendes tu percepción corporal de ti mismo y ves que eres espíritu, creas un momento milagroso. A este fenómeno también se le llama ver con la vista espiritual, que no emplea los ojos, sino que es interna. Te alineas con tu ser interno y recuerdas que eres espíritu que vive una experiencia humana. Contemplar con la vista espiritual, aunque solo sea un momento, es suficiente. Estos instantes milagrosos son eternos y te acercan más y más a la verdad. Cuanto más practiques los principios de este libro, más momentos milagrosos recibirás.

El perdón requiere práctica y repetición. Tienes que volver al perdón tan a menudo como puedas y dejar que estos pasos se conviertan en parte de ti. A medida que lo practiques, el acto del perdón se hará más fácil y más alegre. Empezarás a sentirte menos apegado a tu ego, e incluso te reirás de él. Cuando tienes suficiente conciencia para observar tu ego, puedes agradecerle que te ofrezca otra oportunidad de practicar el perdón. Aprenderás a confiar en el perdón para sentirte libre y feliz.

La lección 122 de *Un curso de milagros* orienta a los lectores hacia esta oración meditativa: «El perdón me ofrece todo lo que deseo».

La lección dice:

¿Qué podrías desear que el perdón no pudiera ofrecerte? ¿Deseas paz? El perdón te la ofrece. ¿Deseas ser feliz, tener una mente serena, certeza de propósito y una sensación de belleza y de ser valioso que trascienda el mundo? ¿Deseas cuidados y seguridad, y disponer siempre del calor de una protección segura? ¿Deseas una quietud que no pueda ser perturbada, una mansedumbre eternamente invulnerable, una profunda y permanente sensación de bienestar, así como un descanso tan perfecto que nada jamás pueda interrumpirlo?

El perdón te ofrece todo esto y más. El perdón pone un destello de luz en tus ojos al despertar, y te infunde júbilo con el que hacer frente al día. Acaricia tu frente mientras duermes, y reposa sobre tus párpados para que no tengas sueños de miedo o de maldad, de malicia o de ataque. Y cuando despiertas de nuevo, te ofrece otro día de felicidad y de paz. El perdón te ofrece todo esto y más.

¿Por qué darías la espalda a la promesa del perdón? Has llegado muy lejos en tu viaje hacia la libertad, y el perdón es el último paso. Sé que quieres ser libre y feliz. Cuanto más consciente seas del amor que hay dentro de ti, más lo querrás. He descu-

GABRIELLE BERNSTEIN

bierto que cuanto más practico el perdón, más lo anhelo. Puedo pillarme a mí misma en un momento de juicio y saber en mi corazón que no es la opción que quiero. Puedo verlo claramente tal como es: una elección de la mente errada del ego. Y puedo volver a elegir con rapidez. Cuando la práctica del perdón se convierta en un hábito, verás con claridad la diferencia entre identificarte con el cuerpo o con el espíritu. Anhelarás sentir la alegría del amor y no tolerarás el terror del ego. La alegría será tu elección y el espíritu será tu guía.

A medida que aumente tu confianza en el perdón, tu vida será más inspirada y alegre; estarás más conectado. Ya no estarás en guerra contra el mundo; en cambio, sentirás unidad. Pase lo que pase dentro de ti, sabrás intuitivamente cómo volverte hacia dentro para entrar en contacto con lo real. La conciencia interna será tu prioridad. Al producirse este cambio en el plano interno, la experiencia externa supera los sueños más atrevidos.

El perdón es una liberación constante de la resistencia. Cada vez que perdonas, reorientas tu visión del mundo y dejas de estar apegado a lo que no quieres. En este lugar de no resistencia, puedes reconectar con tu verdadera naturaleza amorosa y estar en sintonía con la vibración del universo. Sentirás una sensación palpable de expansión, conexión y poder interno. En este espacio de conexión interna, atraerás más de lo que deseas porque ya no te enfocarás en lo que no quieres.

Para dejar de pensar en algo hay que pensar en otra cosa. Cuando reorientas tu enfoque de la negatividad y el resentimiento hacia el perdón, cambias de vibración. En ausencia de la resistencia, te convertirás en un imán para lo que deseas y sentirás que la energía del amor te apoya en todos los aspectos de tu vida. ¡En este espacio te sentirás libre, presente y vivo! Empezarás a confiar en el perdón porque te sentirás muy bien. Tal vez incluso pienses en personas que una vez juzgaste y veas que te ofrecen la oportunidad de practicar el perdón. Serás capaz de darles las gracias en silencio por ayudarte a ser más como quieres ser. Apreciarás tu práctica de perdón como el camino más rápido y claro hacia la paz y la alegría.

Abraham y Hicks dicen: «Una creencia es un pensamiento que continúas pensando». Cuando empiezas a pensar en el perdón más que en el juicio, el perdón se convierte en lo que crees. Como cualquier práctica, se vuelve más fácil cuanto más la ejercitas. Y al repetir los pasos del perdón una y otra vez, sentirás que cobras impulso. Una fuerza invisible tomará el mando y sentirás alivio más pronto.

Al final, el perdón se convertirá en tu segunda naturaleza. Cuando dedicas cada día a encontrar nuevas maneras de perdonar, la vida es muy alegre. Empiezas a percibir que tu experiencia corporal es una oportunidad divertida de llegar a ser muy diestro en la práctica del perdón. Cada día te traerá nuevas oportunidades de practicar. Y cuanto más te ejercites, más se estrechará la brecha que separa el juicio del alivio.

Puedes practicar el perdón en todo momento. No lo dejes solo para las relaciones incómodas. Perdona también las pequeñas cosas. De hecho, cuanto más perdones cada mínimo movimiento del ego, más habitual se hará la práctica. Perdona a tu compañero de trabajo por ser lento para responder a tu *email*, perdona al conductor intratable en la autopista, perdona a la persona enfadada que deja comentarios desagradables en tu página de Facebook. ¡Perdónalo todo!

En la energía del perdón, el juicio no puede existir. Cada paso de la desintoxicación del juicio tiene el poder de sanarte, pero el perdón es la lección que vuelve eterna la sanación. Esta lección te cambiará para siempre. Si eliges comprometerte con el perdón, percibirás el mundo de un modo nuevo por completo. Las pequeñas molestias se convertirán en oportunidades interesantes de practicar el perdón. Y gestionarás las situaciones más duras e incómodas con más gracia. Sabrás afrontar cualquier asunto porque tendrás el perdón en tu caja de herramientas espirituales. Nunca estarás abrumado por los retos de la vida, y te sentirás animado y agradecido de retornar al amor. Cada vez que retornes al amor, estarás más cerca de recordar quién eres de verdad.

Vinimos aquí con un propósito: recordar el amor. A través de una serie de elecciones de la mente equivocada, hemos generado la resistencia del ego, que nos ha mantenido en la oscuridad. Pero esta resistencia nos da la oportunidad de practicar el perdón. Cada vez que elegimos el amor en lugar del miedo a través del perdón, ocurre un milagro. Cada milagro nos lleva a un nivel de mayor conciencia y a una conexión más profunda con el amor. Con la práctica y la repetición, convertimos las ilusiones del ego en una mentalidad milagrosa. Vivir la vida con mentalidad milagrosa nos permite deshacer el miedo y volver al amor. ¡Acepta tu función amorosa y prepárate para perdonar!

Tu perdón no solo es poderoso en tu propia vida, también tiene un efecto onda: cada vez que perdonas, produces un cambio energético que afecta a todo el mundo. *Un curso de milagros* enseña: «Aquí solo hay uno de nosotros». En el nivel del espíritu, tu perdón tiene el poder de sanar al mundo. No desacredites este poder. ¡Aprópiate de él! Acepta que eres un obrador de milagros y que al perdonar traes más luz al mundo. Cuando veas que la oscuridad del mundo se presenta ante ti, a través de las noticias, de las redes sociales o de las propias comunidades, abraza la oscuridad y tráela a la luz. Tú eres el portador de luz y tienes un gran trabajo que hacer. Deja que la práctica del perdón aporte una mayor sensación de propósito a tu vida. Comprende el efecto onda que producirás en el mundo cada vez que perdones. Tu perdón será sentido en todas partes.

La última parte de este libro te ayudará a aplicar los pasos de la desintoxicación del juicio a cada aspecto de tu vida. Conforme vivas la desintoxicación del juicio, cambiarás el mundo que ves. Nada será lo mismo, y te lo digo con convicción porque me ha ocurrido. La aplicación de estos principios en mi vida cotidiana me ha cambiado para siempre. Ahora vivo con mucha más felicidad, ligereza y abundancia en todos los sentidos. Haz que este proceso sea divertido, iluminador y energizante, de modo que nunca vuelvas atrás. El juicio ya no tiene por qué tenerte apresado. El amor puede liberarte.

Un curso de milagros dice: «El Amor entrará inmediatamente en cualquier mente que lo desee verdaderamente, pero tiene que desearlo verdaderamente». Los pasos que has dado en la desintoxicación del juicio te han llevado a aceptar la libertad como tu estado natural de ser. Desear la felicidad, la alegría y la libertad es la clave para completar estos pasos. Tu deseo te mantendrá en el camino y conectará cada paso que des. Cada vez que tu mente divague hacia un juicio, pregúntate: «¿Estoy dispuesto a ser libre?». Esta pregunta te catapultará hacia la práctica, y los pasos estarán allí para elevarte. Confía en este proceso con la certeza de que siempre serás guiado.

Mientras te preparas para la última parte del libro, tómate un momento para celebrar lo lejos que has llegado. Si has llegado a esta página del libro y estás leyendo estas palabras, ¡significa que lo has conseguido! Ahora, para completar el viaje y prepararte para toda una vida de libertad, te ofreceré instrucciones sobre cómo mantener la continuidad de la práctica.

No quiero que leas este libro una vez, lo pongas en la estantería y te olvides de él. Quiero que la desintoxicación del juicio sea una práctica para toda la vida. Rezo para que lleves estas lecciones a tu círculo de familiares y amigos, a tu comunidad y a tu conciencia diaria. Por eso he dedicado la última parte a cómo aplicar estas herramientas en la vida cotidiana. En este momento vas a decidir si quieres hacer de la desintoxicación del juicio una forma de vida o algo en lo que solo vas a chapotear. Sé intuitivamente que no vas a elegir el camino del chapoteo. Los momentos de libertad que has experimentado hasta este instante te dan suficiente impulso para mantenerte en marcha. Tu deseo de ser feliz es más fuerte que la resistencia del ego. Hay mucha alegría para ti en esta manera de vivir. Sigue mis instrucciones de la última parte y da la bienvenida a estos pasos para siempre. Este es el punto de inflexión de tu vida. ¡Apunta alto y espera milagros!

Cómo vivir la desintoxicación de los juicios

Como autora y profesora espiritual, practico lo que predico. Me considero responsable de las lecciones que comparto y siempre me aseguro de practicar lo que digo. A veces resulta incómodo porque parece que siempre trabajo sobre mí misma, pero también es muy gratificante. Creo que enseñar es aprender. Si publico libros sobre lecciones espirituales y doy conferencias, debo estar totalmente dedicada a lo que enseño. Ser profesora me compromete a ser alumna. Escribir este libro ha sido una de mis mayores oportunidades de aprendizaje. Tengo que renunciar del todo a mis juicios y vivir estos pasos cada día.

A lo largo del proceso de escritura, me he ido sintiendo más libre, más feliz y más alegre. Me siento increíblemente bien al cambiar mi enfoque del juicio al amor. La libertad que otorgo a otros me genera un movimiento de libertad interna. Cuanto más aplico estas prácticas, más fáciles se vuelven. La felicidad que he experimentado al practicar estos pasos es mucho más valiosa que el juicio. He llegado a anhelar el sentimiento de libertad, y me he comprometido a hacer lo necesario para que esté más presente en mi vida.

Como remate, no he sido la única que se ha responsabilizado de sus juicios. Mi marido, Zach, ha vivido este proceso conmigo. Zach ha leído cada página del libro. Me ha ofrecido correcciones, sabiduría y consejos a lo largo de todo el recorrido. Y lo mejor de todo, ha sido un espejo de mi propia práctica. Nuestro matrimonio no solo me ha ofrecido grandes oportunidades de practicar los pasos, también me ha ayudado a salir del juicio cuando he recaído en los viejos hábitos. Si estábamos sentados, cenando, y yo empezaba a quejarme de alguien que me había fastidiado, Zach gritaba: «¡Desintoxicación del juicio!». De inmediato me echaba a reír y cambiaba mis palabras y el tono. Su enfoque constante en el camino de sanación me ha ayudado a mantener mi compromiso.

Este compromiso ha transformado mi vida por completo. Me aterrorizaba empezar este libro porque me juzgaba por mis propios juicios. Pero, al empezar la práctica, se desplegó una sanación transformadora. Me he encontrado con amigas que juzgaban a otros y he sido capaz de permanecer en silencio en medio de los chismes. Me he observado evitar bromas innecesarias de las redes sociales, simplemente perdonando y borrando. Incluso aprendí a desengancharme del autojuicio y a liberarme de él con rapidez.

A lo largo de este proceso, me han ocurrido muchos milagros. He reactivado una amistad que creía perdida debido al juicio. Perdoné a una socia comercial a la que llevaba meses juzgando. Y una situación molesta que se repetía desde hacía casi un año se disipó milagrosamente. También he notado muchos cambios físicos. He empezado a dormir mejor. Tengo mucha más energía y mi sistema inmunitario se ha fortalecido; he conservado la salud todo el invierno sin sufrir una gripe. ¡Hasta mis hábitos de alimentación han cambiado! Durante años me esforcé por aprender a comer con más lentitud. Lo hacía demasiado rápido; era una adicción de la que no podía deshacerme. Mediante la práctica de liberar el juicio, ya no me siento ansiosa a la hora de comer. Soy capaz de saborear los alimentos, de respirar y estar presente en cada comida.

El milagro más interesante es que me siento más feliz que en toda mi vida. Tras entregarme a la desintoxicación del juicio, me siento libre y ligera como una niña. Y lo mejor es que estoy orgullosa de cómo me muestro ante el mundo. Me siento bien al permanecer en silencio en medio de los chismes y en paz en medio de acalorados debates políticos. Perdonarme con rapidez y seguir adelante con facilidad me fortalece. Es genial ser una presencia de amor en el mundo.

A lo largo de este proceso he ido responsabilizándome de mis pensamientos, palabras, creencias y energía. He elegido ser una fuerza de la energía positiva en lugar de polucionar el mundo con mis vibraciones negativas. Cuando me siento impotente por todo el miedo y el torbellino que se produce en el mundo, recuerdo dónde reside mi verdadero poder. Retorno a mis pensamientos y a mi energía amorosos, y acepto que mi amor es la mayor contribución que puedo hacer.

A estas alturas espero que te hayan ocurrido muchos milagros. Tal vez hayas perdonado a un miembro de la familia o hayas cambiado de actitud hacia tu jefe. Has llegado lejos en tu camino de crecimiento personal y desarrollo espiritual. Pero ¡no te detengas ahora! Hay mucha más curación y libertad dentro de estos pasos. Mi oración es que este proceso se convierta en una parte de tu vida diaria, que, incluso sin pensar, vayas por defecto al paso 1 y observes tu juicio. Y que, cuando el juicio te inmovilice, te alivies con el *tapping*. Y que, si te sientes separado y solo, practiques para ver por primera vez. Espero que la oración y la meditación se conviertan en parte de tus hábitos espirituales diarios y que el perdón sea tu objetivo en todas las relaciones. Cuando conviertes estas prácticas en un estilo de vida, *vives una vida milagrosa*.

SÉ AMABLE CONTIGO MISMO

Ahora que has hecho los seis pasos, tu práctica será más libre. Te has desintoxicado y ahora se trata de permanecer en el flujo. Sé amable contigo mismo. Enfócate en el progreso más que en la perfección. Si notas que vuelves al juicio (¡ocurrirá una y otra vez!), elige de nuevo. Ríete de las ideas locas del ego, perdona el pensamiento y elige uno de los pasos para retornar al amor.

¡No te estreses con los pasos! Las prácticas de este libro se pueden usar en cualquier momento y lugar. Tal vez descubras que uno o dos de los pasos te vienen con más facilidad que otros. ¡Está bien! Haz lo que funcione para ti y no juzgues tu proceso. Cualquiera de estos pasos tiene el poder de sanar tus percepciones.

Cuando hayas completado todos los pasos al menos una vez, puedes establecer tus propias reglas. Tal vez dediques un mes a enfocarte solo en las oraciones y después llegues a un punto en que te sientas preparado para hacer más meditación. O quizá practiques la EFT durante unas pocas semanas y después te sientas capaz de ver por primera vez. Haz lo que te haga sentir bien. Una vez que has experimentado la desintoxicación completa, no hay una manera mejor ni peor de seguir aplicando estos principios en tu vida. Lo único que te sugiero es que uses al menos un paso cada día para mantener la continuidad.

Mi práctica espiritual está construida sobre la libertad, no sobre la rigidez. Me encanta emplear pasos y métodos para ayudar a deshacer resistencias, y una vez que completo el camino, siento alivio. En ese espacio libre de resistencia, avanzo a mi propio ritmo con libertad y facilidad. Muchas personas hacen de su camino espiritual algo rígido, pero eso es otra forma de juicio.

Cuando tratamos de ser estudiantes espirituales perfectos, en realidad juzgamos nuestra práctica. Ahora que has pasado por los seis pasos, puedes soltar el plan, relajarte en una sensación de facilidad y aplicar un paso cada día con tranquilidad para mantener el compromiso con tu flujo de amor.

ENFÓCATE EN VOLVER A LA MENTE RECTA

No esperes estar libre de juicios en todo momento. Tienes que saber que juzgarás y que deberás responsabilizarte de retornar al amor con rapidez. No te preocupes tanto por cuán perfectamente aplicas estos métodos y enfócate más bien en lo rápido que observas el juicio y vuelves a la mente recta. *Un curso de milagros* dice: «Eres demasiado tolerante con las divagaciones de tu mente». Ahora que eres más consciente de tus pensamientos de juicio, tu tolerancia hacia ellos se reducirá. Incluso es posible que ya estés harto de ellos. ¡Eso es bueno! Cuanto más consciente seas de tus juicios, más rápido podrás elegir de nuevo y volver al amor.

En mi propia práctica espiritual me enfoco principalmente en cuántas veces vuelvo a la mente recta. No me sorprendo cuando juzgo: ya tengo previsto que el ego se va a colar y que la vida me va a enviar situaciones difíciles cada día. Mi aceptación del ego es lo que me ayuda a ver más allá de él.

Sé que no seré en todo momento intachablemente amorosa, bondadosa y espiritual, de modo que mi primera intención es volver al amor tan rápido como pueda. Cuanto más practico estos pasos, más se integran en mi psique; ahora ya se han convertido en un hábito. De modo que, al darme cuenta de que vuelvo al juicio, al instante aplico un paso y elijo de nuevo. Cuando siento la tentación de juzgar a alguien en Facebook, observo mi juicio sin juicio y pronuncio una oración. O cuando una historia de juicio se queda atascada y se repite en mi mente, conecto con ella y voy a la causa raíz de la vergüenza y las heridas subyacentes. Y cuando siento la tentación de juzgarme, perdono ese pensamiento y retorno al amor.

Uso estos pasos de manera intercambiable a lo largo del día y ¡celebro los milagros! No hace falta que tu práctica sea perfecta. Basta con enfocarte en volver a tu mente recta lo antes posible.

MANTÉN EL COMPROMISO

Hay un problema común que las personas que han vivido un proceso de desintoxicación pueden testificar. Una vez que acabas, te sientes genial y piensas que ya estás curado. Entonces, sin darte cuenta, dejas de practicar y caes en los viejos hábitos. A lo largo de los años que llevo en el camino espiritual, me he dado cuenta de que, cuando la vida nos trata bien, debemos comprometernos todavía más con la práctica. Cuando las cosas empiezan a fluir, el ego aprovecha la oportunidad para convencerte de que no necesitas materiales de autoayuda espiritual. El ego negará tu práctica espiritual y te atraerá hacia lo antiguos hábitos de separación y ataque. Por eso, vivir una vida llena de amor y alegría requiere un compromiso y una práctica diarios. *Un curso de milagros* dice: «Una mente sin entrenar no puede lograr nada». Debemos aceptar que, para cambiar de verdad los hábitos y liberarnos de las ataduras del juicio, debemos reentrenar la mente. Los seis pasos de la desintoxicación del juicio te ofrecen los cimientos de una nueva manera de ser. Pero estos hábitos más sanos no pueden consolidarse (o durar) sin la repetición diaria de la nueva conducta. Por lo tanto, sé consistente en tu práctica y repite al menos un paso cada día para cambiar de hábitos. Como ocurre con cualquier gran cambio, cuanto más practiques, mejores serán los resultados.

ENCUENTRA COMPAÑEROS ESPIRITUALES

Una manera asombrosa de favorecer una práctica consistente es contactar con compañeros espirituales que compartan el camino contigo. Puede tratarse de alguien a quien conozcas en una clase de yoga, en las redes sociales, de un amigo de toda la vida o incluso de tu pareja. Será perfecto cualquiera que esté dispuesto a prestarte apoyo y a recibirlo de ti a medida que avancéis en el camino espiritual. Cuando practicas estos principios con compañeros de camino, incrementas el impulso y la energía de tu práctica. Si dos o más se reúnen en nombre del amor, ocurren milagros. La conciencia colectiva del amor eleva la prácticca y sustenta el compromiso. Podrías organizar un club local de lectura de *La desintoxicación del juicio* o ser anfitrión de un grupo en Google Hangouts. Si tienes amigos y familiares que están en el camino espiritual y quieren sanar sus juicios, ¡invítalos a participar contigo!

Practicar la desintoxicación del juicio con tu pareja romántica transforma la relación. He descubierto que dar los pasos con Zach me ayuda mucho a ser coherente y responsable. Nos mantenemos el uno al otro en el camino y nos damos apoyo mutuo. Ahora cada uno de nosotros tiene la capacidad de honrar las heridas y las vergüenzas del otro. A través de la meditación, la oración y el perdón, hemos sido capaces de ver al otro por primera vez. Esta es la mayor curación que he recibido nunca.

La clave de una relación santa y espiritual es ser compasivo y comprensivo con la vergüenza de tu pareja. Cuando reconoces que sus mecanismos de defensa surgen de la vergüenza, puedes perdonarla. Cuando reconoces que tu juicio hacia ella activa su vergüenza, puedes cambiar de comportamiento. Dar vía a estos principios te ofrece una nueva manera de percibir a tu pareja. El ego se vuelve salvaje en las relaciones románticas, de modo que practicar la desintoxicación del juicio será increíblemente útil para liberarte de las ilusiones especiales del ego y retornar a la unidad, la aceptación y la compasión. La desintoxicación del juicio aumentará la intimidad entre vosotros más de lo que te imaginas.

NO JUZGUES EL CAMINO ESPIRITUAL DE OTROS

A lo largo de mis años como instructora espiritual, he visto el despertar a la fe espiritual de incontables personas. Y si bien esto es asombroso, también he notado un problema común: la gente tiende a comparar su práctica con la de otros y a juzgar a los demás por no seguir su mismo camino. Esto es definitivamente lo que NO hay que hacer. No hagas de tu práctica espiritual otra razón para juzgar. Deja que las personas sean quienes son y honra su camino.

Este problema surge con frecuencia en las relaciones de pareja: las personas se quejan de que su pareja no tenga la misma fe espiritual que ellas. Esta es otra forma de juicio. Tuve esta experiencia hace muchos años, cuando hice mi formación de doscientas horas en kundalini yoga y el curso para profesores de meditación. Volvía a casa vestida de blanco y con el turbante puesto, volando alto después de haber practicado yoga durante horas, y lo único que deseaba era compartir mi experiencia con mi marido. Mi naturaleza marcadamente entusiasta era demasiado para él. No le interesaba oír hablar de mi meditación de sesenta minutos ni de mi despertar espiritual. Su apatía hacia el yoga me decepcionaba mucho. Comenté la cuestión con mi profesora, Gurmukh. Le dije: «Me siento muy decepcionada porque mi marido no quiere saber nada de mis experiencias de yoga. Él no está en esto y me gustaría que lo compartiera conmigo». Gurmukh me tomó de la mano y dijo: «¡En cuanto entres por la puerta de casa, quítate el turbante y cállate!».

A continuación me explicó que mi práctica no tenía que ser la suya. Sugirió que, si me limitaba a dejarle en paz, él podría llegar a un camino espiritual por su propia comprensión. Me ayudó a darme cuenta de que no tenía que juzgarlo por no estar en mi camino. Lo único que tenía que hacer era seguir el mío y ser una luz. Gurmukh tenía razón. Aceptar a Zach exactamente en el punto en que estaba le permitió entrar en una relación con el espíritu tal como él la entendía. Hoy compartimos muchas creencias y prácticas porque lo dejé avanzar a su propio paso.

Este es tu trabajo. **Basta con que te ocupes de tus asuntos y seas una luz.** Confía en que cada cual está en su camino espiritual y en su propio momento personal. Es posible que tus seres queridos no compartan nunca tus creencias, pero no importa. Mantente comprometido con tu fe y el universo se encargará del resto. Confía en que, a medida que estés más sano y seas más santo, elevarás a todos aquellos con los que te encuentres. Tu familia, tus amigos y todos los de tu entorno se beneficiarán de tu cambio energético. Mantente comprometido con tu propio camino y extiende tu luz pase lo que pase.

Mientras extiendes tu luz, recuerda que no se trata de empujar a otros. Es muy poderoso practicar estos métodos con otras personas, pero asegúrate de no forzar con estas ideas a quienes no estén interesados. No todo el mundo está preparado para bajar sus defensas y renunciar al juicio. De hecho, la mayor parte de la gente se resistirá a ello. Si tus amigos íntimos y familiares no están en un camino espiritual, no te preocupes; hay muchos lugares donde puedes encontrar compañeros. Para empezar a conectar con un grupo de gente espiritual de mentalidad similar, visita la página de recursos (GabbyBernstein.com/bookresources) y aprende a acceder a la comunidad de la desintoxicación del juicio en internet.

PRACTICA LA PRESENCIA

A medida que el juicio se disipe, descubrirás que aumenta la calma en tu espacio mental. Sé consciente de que el ego se resistirá a esto. Tu nueva claridad mental y tus emociones positivas resultarán confusas para el ego. Tus resistencias te harán desear ver las noticias para recibir el rápido impacto de algún drama, o enviar un mensaje de texto a algún amigo para cotillear. La manera de evitar la resistencia del ego es estar presente en el momento. Cuando estás presente en el instante, no tienes que juzgar el pasado ni el futuro. En el presente puedes elegir alejar tu atención del juicio y reorientarla hacia lo que va bien.

Aporta presencia a tus relaciones. Aquiétate y escucha a otros. Ofrece atención a los demás y disfruta de su compañía. Permítete aprender de otros y sé curioso. Cuando estás presente con la gente, se disipan las proyecciones que les has impuesto. ¡Se trata de una práctica muy divertida! La próxima vez que estés con alguien a quien hayas juzgado, deja de enfocarte en lo que hayas juzgado de esa persona y céntrate en la curiosidad. En lugar de inventarte una historia sobre quién es esa persona,

¡pregúntaselo! Indaga en su vida, sus intereses y sus historias personales. Cuando sientes curiosidad por otro, muy pronto reconoces sus similitudes y su conexión humana contigo. Ves qué hace que esa otra persona se aligere y se abra, y qué la lleva a cerrarse. Puedes observarla amorosamente como un niño inocente que solo quiere lo mismo que tú: amor.

Hace poco experimenté cómo la práctica de la presencia curó milagrosamente mi percepción de alguien. En una conferencia, me topé con una mujer a la que había juzgado con anterioridad. La primera respuesta de mi ego fue dar la vuelta y alejarme. Pero mi yo superior me guio a estar presente con amor. En lugar de acabar la conversación en un momento y salir corriendo a juzgarla, elegí mantenerme allí. Le pregunté cómo estaba, cómo le iba profesionalmente y en qué nuevas tendencias de salud incursionaba. A los pocos minutos de estar con ella, vi que bajaba la guardia. Yo también la bajé. Se evaporaron las falsas ideas que había proyectado sobre ella, y ella lo sintió de inmediato. Cuando nuestra energía se elevó, pudimos conectar en un nivel de autenticidad. Y resultó que teníamos muchas más cosas en común de lo que yo pensaba. Hablamos de gustos compartidos: las caminatas, la moda y la cocina. Me dio ideas para algunas recetas geniales. En cuanto elegí estar presente con ella, mi juicio se disolvió y surgió una verdadera conexión. Fue un milagro.

Tal vez haya un compañero al que juzgas, o un amigo de un amigo. La próxima vez que estés con él, practica para estar presente. Hazle preguntas sobre su vida y escucha. Baja la guardia y él también lo hará. Te asombrará lo bien que te sientes al soltar la separación y establecer una conexión rápidamente. Es posible que no tengas nada en común con esa persona, pero, cuando le haces preguntas, aprendes cosas nuevas, y cuanto menos tengáis en común, más interesante puede ser el encuentro. Descarta el juicio y deja que te muestre quién es de verdad. Tus vibraciones hablan más alto y claro que tus palabras. En cuanto sueltes el juicio, esa persona se relajará y se sentirá suficientemente segura para abrirse a ti. ¡Diviértete con este ejercicio!

MANTENTE ABIERTO A POSIBILIDADES CREATIVAS

Otra forma de acceder a la presencia y de renunciar al juicio es ser creativo. En una entrevista con mi amigo, emisor de audios y autor de superventas Lewis Howes, hablamos del tema del juicio. Lewis es muy creativo y siempre envía contenidos inspiradores al mundo. Durante nuestra conversación, dijo: «Es difícil juzgar cuando eres creativo».

Y continúo compartiendo que, cuando está en un estado de ánimo creativo, escribiendo un libro o entrevistando a alguien para su emisora, todos sus juicios desaparecen. Si se enfoca en lo que le inspira y pone su atención en lo que está creando, no tiene espacio mental para el juicio.

Lewis dio en el clavo: a menudo el juicio surge del aburrimiento. Cuando nos sentimos desconectados de la inspiración, buscamos maneras de ocupar los pensamientos, y el ego está encantado de poder entrar. Al final volvemos a caer en el hábito de juzgar. Pero, si nos enfocamos en proyectos creativos, alineamos los pensamientos con la inspiración. Como dijo Wayne Dyer: «Estar inspirado es estar en el espíritu». Cuando estamos alineados con el espíritu, los pensamientos son amorosos y no queda lugar para el juicio. De modo que la próxima vez que te notes atrapado en el ciclo del juicio, sumérgete en un proyecto creativo y deja que el espíritu tome el mando. Si dedicas una hora a la creatividad, al salir de la experiencia te sentirás ligero y energizado. No querrás alterar las vibraciones elevadas ni recurrir al juicio. Cuanto más tiempo dediques a las prácticas creativas, más feliz serás.

CELEBRA LOS MILAGROS

A lo largo del camino de la desintoxicación del juicio, te he animado a documentar los milagros en tu diario. Ahora que has completado los seis pasos, ¡te recomiendo que dediques algún tiempo a celebrar tus milagros! *Un curso de milagros* enseña:

> *No hay grados de dificultad en los milagros.*
> *No hay ninguno que sea más «difícil» o más*
> *«grande» que otro.*
> *Todos son iguales.*
> *Todas las expresiones de amor son máximas.*

Cada momento milagroso ha dejado una impronta en tu campo energético y ha guiado tus pensamientos de vuelta al amor. Cuantos más milagros añadas, más milagrosa se volverá tu vida. Ahora dedica algún tiempo a revisar tus momentos milagrosos y a integrar la grandeza de lo que has creado. ¡Eres un obrador de milagros!

Acepta que en cualquier momento en que cambias la percepción del miedo al amor experimentas un milagro. Cuando reconoces lo lejos que has llegado en este camino y cuánto mejor te sientes, resulta muy duro volver atrás. Si conviertes la celebración de tus milagros en una práctica, no abandonarás el camino. Prestar atención a tu progreso te mantendrá comprometido con sentirte bien. Cuando olvidas que has llegado muy lejos, pierdes de vista la conexión espiritual.

Cada momento milagroso te ofrece una prueba espiritual que te compromete con tu camino. Al repasar los milagros recibidos, considéralos pruebas de la guía espiritual que opera en tu nombre. Así te implicarás todavía más en las prácticas de este libro, porque los momentos milagrosos te recordarán el poder del amor. Continúa añadiendo nuevos milagros a tu diario y repasa los momentos milagrosos con regularidad para preservar el compromiso con tu fe en el espíritu y en el poder del amor.

RÍETE DE LAS PEQUEÑAS IDEAS LOCAS

Tras dedicar algún tiempo a reconectar con los momentos milagrosos, repasa algunos de los juicios que documentaste en el paso 1. ¿Cómo te sientes ahora con respecto a ellos? ¿Los ves de otra manera? ¿Han dejado de molestarte? ¿O incluso podrías reírte de ellos? El *Curso* nos sugiere reírnos «de las pequeñas y alocadas ideas del ego». Si te ríes de tus juicios, eliminas su poder. Es probable que tu compromiso con la desintoxicación te permita mirar muchos juicios anteriores y reírte de ellos. No hay nada más poderoso que reírse del ego. La risa elimina su poder y te recuerda al momento lo ilusorias que son sus percepciones. Has pasado por un recondicionamiento mental y ahora estás preparado para ver el mundo de una manera nueva. Cuando resurja el ego, que lo hará, simplemente ríete de sus ideas locas. Ahora tienes muchos utensilios en tu caja de herramientas. En cuanto te rías del ego, toma una herramienta y vuelve a elegir.

MANTÉN LIMPIO TU LADO DE LA CALLE

Cuando vives la práctica de la desintoxicación del juicio, te sientes cada vez menos cómodo con los chismes o al decir algo negativo sobre alguien. Lo cierto es que *tendrás* deslices, tu ego se *llevará* lo mejor de ti y a veces querrás justificar tu enfado. Acepta que esto ocurrirá, pero ten un plan para limpiarlo. Está bien volver a caer en los viejos comportamientos, pero trata de ser consciente de ello. Date cuenta de cuándo te equivocas y, en cuanto puedas, ¡límpialo! Por ejemplo, recientemente me quejé de un contratista independiente y del trabajo que hizo para mí. Le conté a su jefe lo molesta y decepcionada que me sentía por el servicio recibido.

Después de la llamada, me sentí justificada por un momento, pero poco después sentí vergüenza. Me di cuenta de que podría haber expresado mi decepción con mucho menos juicio y mucha más compasión. Podría haber dicho que estaba disgustada sin entrar en todos los detalles. También sentí que había añadido más negatividad a la situación, negatividad que podría haber evitado. De modo que, en lugar de acomodarme en mi incomodidad y en mi vergüenza, tomé el teléfono y limpié mi lado de la calle. Volví a llamar y asumí mi responsabilidad por algunos de los problemas. Si bien es posible que mi esfuerzo no influyera mucho en el jefe del operario, marcó la diferencia para mí. Sentí que cuidaba mis acciones y limpiaba mis juicios.

Si te encuentras desestabilizado porque has emitido un juicio, recuerda que nunca es demasiado tarde para limpiarlo. Siempre puedes apropiarte de tu juicio y borrar la pizarra. La gente responde a esto de distintas maneras, pero lo que importa no es su respuesta (y tú no puedes controlarla). **Lo que importa es tu compromiso con el amor.** Al reconocer tu parte en la situación, emprendes un acto profundamente espiritual de limpiar la energía. Si limpias tu energía y tus intenciones, la energía de la situación puede sanarse.

En algunos casos es posible que no te sientas capaz de llamar por teléfono o enfrentarte con alguien. Está bien. Puedes hacer este trabajo en el ámbito energético. Sabrás intuitivamente cuándo es adecuado hacerlo en persona o a través del trabajo espiritual. Si eliges limpiar tu lado de la calle espiritualmente, hazlo a través de la oración y la meditación. Reza para sanar la relación y envía amor a la otra persona. Al enviar amor a alguien, puedes cortar esa cuerda de energía oscura que os conecta. Puedes llevar el problema a tus prácticas de meditación y devolver tu energía a la unicidad y al amor.

Nunca subestimes el poder de adueñarte de tus juicios y limpiarlos. En esos momentos en los que juzgas, incluso si sientes que está justificado hacerlo, pregúntate: «¿Prefiero tener razón o ser feliz?». La respuesta siempre está clara.

DATE PERMISO PARA AMAR

Deshacer el juicio y retornar al amor puede desorientar al ego. Recuerda, el ego te ha mantenido en la oscuridad durante la mayor parte de tu vida. Llegaste a confiar en que la oscuridad que percibes es la realidad. Ahora, con las prácticas de la desintoxicación del juicio, has establecido una nueva realidad basada en el amor, y esto puede provocar una reacción en las partes de ti que todavía se aferran a la vergüenza. La vergüenza no reconocida te aleja del amor y te impide ser vulnerable. Afrontar tu vergüenza, bajar la guardia y abrirte a toda una nueva manera de ser puede hacer alucinar a tu ego. No hay problema. Solo sé consciente de ello. Cuanto más dispuesta estoy a afrontar mi vergüenza y mis juicios, más capaz soy de reconocer mi incomodidad. Puedo ver que bajar la guardia y ser vista por los demás, incluso los más cercanos a mí, me da miedo. El juicio es una barrera que construimos contra la intimidad. Cuando derribamos el muro del juicio, recuperamos la capacidad de ser vulnerables. Y si bien esto atemoriza al ego, eleva al espíritu. Cuando te muestras confiado, fiel y receptivo, te alineas con tu verdad. Sé consciente de cómo el ego se resiste al amor. Cuanto más consciente seas de este patrón, más fácil te resultará reírte de las ideas locas y hacerte vulnerable a la presencia del amor. Honra tu vergüenza y ríndete a la vulnerabilidad. Tu auténtica verdad es tu magnificencia. Estar dispuesto a dejar que el mundo vea tu verdad es tu mayor contribución. Cuando todos nos sinceremos, el mundo sanará. Date permiso para amar.

HAZ DE SENTIRTE BIEN UNA PRIORIDAD

Una manera poderosa de seguir comprometido con tus prácticas de desintoxicación del juicio es estar dispuesto a sentirse bien. Antes de practicar la desintoxicación, me resultaba fácil caer en historias y sentimientos negativos que dominaban mi día, o mi semana, o incluso más tiempo. Tras completar los pasos, me di cuenta de que ya no toleraba los sentimientos negativos innecesarios. Quería sentirme feliz, conectada y libre.

El *Curso* dice que la decisión de juzgar en vez de conocer es lo que nos hace perder la paz. Por lo tanto, cuando nos encontramos con nosotros mismos y con los demás sin juicio, sentimos una liberación y una sensación de paz tan profunda que supera todo lo imaginable.

GABRIELLE BERNSTEIN

Yo experimenté esta verdad: en estado de paz, no tenía ganas de volver atrás. Sentí un gran alivio al seguir estos pasos y me acostumbré a encontrarme bien, lo cual me hizo más sensible a la incomodidad. Ya no quería revolcarme en el dolor o quejarme y justificar mis juicios. ¡Quería sentirme bien! Vi con claridad que los pensamientos y emociones que me hacían sentir bien potenciaban mi vida en todos los sentidos. Sentirme bien se convirtió en una prioridad.

Este compromiso de sentirme bien no significaba evitar los pensamientos o los sentimientos negativos. De hecho, ocurría lo contrario. Cuando notaba que volvía a mis tendencias egóticas, practicaba los pasos de la desintoxicación del juicio y retornaba rápidamente a la paz. Comprometerse con la alegría y la felicidad no equivale a salir corriendo ante el miedo; significa que honras tu miedo y usas la práctica espiritual para realinearte con el amor tan a menudo como puedes. El nivel de éxito y el flujo de tu vida se correlacionan con lo alineado que estés con el amor. Cuanto más alegre te sientas, más apoyo te ofrecerá la vida. Es así de simple. Por lo tanto, yo establecí el compromiso conmigo misma, con mi familia y con mis lectores de que sentirme bien fuera mi prioridad. Con los seis pasos de este libro, siempre puedo volver al amor, y tú también. Elige la felicidad y oriéntate hacia la alegría con cada desafío que se presente ante ti. Emplea cualquiera de estos pasos para resolver tu incomodidad y retornar al amor.

ESPERA MILAGROS

Si se hace, esta práctica promete muchos milagros. Cuando sigues cualquier camino espiritual, sueltas la resistencia al miedo y reconectas con el amor. En ausencia de resistencias, te vuelves como un imán para la grandeza. Este es tu poder de atracción. Cuando te sientes bien y te alienas con el amor, tu energía envía una señal al universo. Tu energía vibra y emite el mensaje claro de que estás alineado con la alegría y que das la bienvenida a más alegría. Si aceptas este estado de ser, el universo se pone a tu servicio. Pensarás en algo que te gustaría tener en tu vida y eso te llegará. Desaparecerán los viejos problemas que solían confundirte. Los obstáculos se resolverán con rapidez y naturalidad. Y sentirás una conexión con todo y con todos los que te rodean. Cuando dedicas tu vida a soltar las resistencias, aceptas el amor que eres. En ese estado de amor, te sientes más unido, apoyado y alineado con lo que deseas. La vida se vuelve divertida y fluye. El amor es tu herencia natural, y el universo responde a él sin esfuerzo. La vibración del amor es tan intensa que tiene la capacidad de cambiar tu visión del mundo y toda tu experiencia vital. Sanar tu visión del mundo te beneficiará enormemente y a todos aquellos con los que te encuentres. Ya no te sentirás víctima, solo y separado. Honrarás tu conexión con cada ser. Esta práctica te ofrece esa gran conexión con la unicidad y el poder interno.

Cuando realices esta práctica, ya no necesitarás buscar la felicidad y la autoestima fuera de ti. Al alinearte con la presencia del amor, te sabrás bueno, amable y poderoso. Recordarás quién eres en verdad. Esta es la misión de este libro. Cuando más y más personas se realineen con su verdad, la separación acabará. El juicio y el ataque no pueden coexistir con el amor y la unicidad. El terror y el miedo no pueden sobrevivir ante la luz de los seres despiertos. Cuando la gente despierte a gran escala, el mundo tal como lo conocemos cambiará.

Los tiempos que vivimos exigen despertar. Sentirnos conectados es nuestro derecho de nacimiento, y somos llamados a retornar a esta verdad. Debemos vivirla en todos los aspectos de la vida a fin de sanar el estado del mundo. Para eso estamos aquí: para andar el camino de desaprender el miedo y de recordar el amor. Si alguien recuerda su verdadera naturaleza, ilumina el mundo.

AGRADECIMIENTOS

Hay muchas personas que me han ayudado a traer este libro a la vida. Me gustaría dar las gracias a mi compañero, marido, y mejor amigo, Zach. Gracias, Z, por tu compromiso de ayudar a mucha gente mientras te diviertes mucho. Siento un profundo agradecimiento hacia mi correctora y querida amiga Katie Karlson por continuar contribuyendo con tu amor y experiencia a todos mis libros. Muchas gracias a mi grupo espiritual: Cybele, Brooke, Tracie, Laura y Sandrine, por vuestra fe en el proceso de desintoxicación del juicio. No podría hacer este trabajo sin mi asombroso equipo, incluyendo a Davis, Micco y Jessica; gracias por generar el espacio para que pueda ser creativa y me sienta apoyada a cada paso del camino. Sarah Hall, Jessica Reda y el equipo SHPR, ¡gracias por llevar este mensaje al mundo! También debo un gran agradecimiento a mi correctora en Simon & Schuster, Diana Ventimiglia, por ser tan buena y porque es una alegría trabajar contigo. Por último, gracias a mi abuela literaria y editora, Michele Martin, ¡a quien tengo la bendición de poder llamar en cualquier momento del día!

AGRADECIMIENTOS